DE L'HORREUR

1

T. S. RUE

L'auberge de l'horreur - 1	*Evado* 12
L'auberge de l'horreur - 2 *Chambre n° 13*	*Evado* 16 (*avril 96*)

T. S. RUE

L'AUBERGE DE L'HORREUR

1

TRADUIT DE L'AMÉRICAIN
PAR PASCALE HULINE-GUINARD

Evado

TITRE ORIGINAL :

NIGHTMARE INN
FIRST PUBLISHED BY HARPERPAPERBACKS,
A DIVISION OF HARPERCOLLINSPUBLISHERS, NEW YORK

1

— Je n'arrive pas à croire que mes parents aient fini par accepter, déclara Jodie Collins avec un soupir d'aise.

Elle s'assit sur le lit de Sarah et passa une brosse dans ses longs cheveux noirs et lisses. A l'autre bout de la chambre, Sarah Wilkins contemplait le tiroir ouvert de sa commode, occupée à des préparatifs de dernière minute. Cependant, en cet instant précis, ses pensées étaient à des années-lumière de tout souci vestimentaire.

— Sarah ? appela Jodie.

— Hein, quoi ?

Sarah releva la tête, surprise.

— Tu as entendu ce que je viens de dire ?

Sarah fit signe que non. Elle avait bien entendu la voix de son amie mais, en toute sincérité, elle n'aurait su répéter une seule de ses paroles.

— Désolée, Ellen, qu'est-ce que tu disais ?

Jodie la dévisagea, les yeux ronds comme des soucoupes.

— Ellen ? C'est moi que tu appelles Ellen ?

Sarah la contempla à son tour. Qui était Ellen ? Elle ne connaissait aucune Ellen. Pourquoi diable venait-elle d'appeler Jodie ainsi ? Décidément, depuis la nuit précédente, elle avait totalement perdu la boule.

— Mais sur quelle planète tu es, ce soir ? interrogea Jodie.

— Sur Terre, à ma connaissance, répondit Sarah, mal à l'aise.

Il n'y avait pourtant rien de surprenant à ce que son comportement paraisse étrange. Sarah ne se sentait tout simplement pas elle-même. Depuis le début de la soirée, elle essayait d'éviter de parler à Jodie. Chose délicate pour deux filles qui se trouvaient dans la même chambre et s'apprêtaient à partir en vacances pour une semaine avec leurs petits amis respectifs.

Heureusement, Jodie ne s'étonna pas davantage de la distraction de Sarah.

— Je disais que je n'en reviens pas de ma veine. Tu te rends compte, mes parents me laissent partir une semaine avec Adam ! s'émerveilla-t-elle en ôtant un cheveu de sa chemise écossaise. Peut-être qu'ils ont contracté la maladie d'Alzheimer.

Quand elle avait rencontré Jodie, Sarah avait été intimidée par son sens de l'humour qui frisait parfois le cynisme. Mais peu à peu, elle s'y était habituée.

— Pourquoi ?

Sarah sortit du tiroir un sweat-shirt bleu marine et l'appliqua contre elle en se regardant dans la glace. Elle aimait bien le contraste du marine sur sa crinière rousse.

— Ils ne te font pas confiance, en principe ?

— Il faut croire que si, répondit Jodie, avant d'ajouter en souriant : C'est peut-être moi qui n'ai pas confiance en moi.

Sarah reposa vivement le vêtement et fouilla de nouveau dans le tiroir en espérant que Jodie ne remarquerait pas son trouble. Depuis l'épisode de la veille, Sarah n'était pas du tout certaine qu'elle pouvait encore avoir confiance en elle-même.

— Et tes parents, à toi ? demanda Jodie.

— Mes parents ?

Pendant un instant, Sarah la regarda sans comprendre. Jodie leva les yeux au ciel :

— Oui, ces deux personnes de la génération précédente qui dorment dans la chambre d'à côté et te paient tes vêtements. Tu vois ce que je veux dire ?

— Oh, heu... Ça ne leur pose pas de problème, répondit enfin Sarah.

En fait, ils avaient l'air de se moquer comme d'une guigne que Sarah parte avec Matt. Ils étaient tous deux tellement centrés sur leur propre existence qu'ils prenaient rarement la peine de s'intéresser à la sienne. Ce qui était bien dommage pour elle, car en cet instant, Sarah aurait donné n'importe quoi pour se soustraire à ce voyage. Si seulement ils avaient pu dire non !

— Tu leur as annoncé que tu allais en vacances avec Matt et un autre couple dans un cabanon perdu au fin fond des bois, et ils ont juste dit « d'accord » ? s'étonna Jodie.

— A peu de chose près, oui, dit Sarah en choisissant un pull rouge. Je leur ai expliqué qu'il y avait des chambres séparées là-bas, que nous deux, on en partagerait une et que les garçons prendraient l'autre.

— Eh bien, dis donc, chapeau. Moi, il a fallu que je tanne mes parents pratiquement pendant un mois. J'ai cru qu'ils ne me laisseraient jamais partir avec Adam.

En entendant Jodie parler de son petit ami, Sarah tressaillit.

— Comment se fait-il qu'ils n'aient pas tiqué, ton père et ta mère ? insista Jodie.

— Ils ont dit que si je devais faire des bêtises, ça me serait aussi facile ici que quelque part dans la nature.

Et ce qui était arrivé à Sarah la nuit précédente leur avait incontestablement donné raison.

— C'est dingue ! s'exclama Jodie. J'ai du mal à croire que des parents puissent être aussi logiques !

Peut-être que tout le monde est comme ça, à Middleburg.

— C'est Middletown, pas Middleburg. Et si tu veux mon avis, les gens sont exactement comme les autres, là-bas.

La famille de Sarah avait déménagé de Middletown pour s'installer à Glendale l'été précédent. Elle et Jodie n'étaient pas exactement amies, mais elles passaient beaucoup de temps ensemble : en effet, leurs petits copains, Matt et Adam, étaient inséparables.

— En tout cas, remarqua Jodie, moi je te trouve superéquilibrée.

Ses paroles donnèrent la chair de poule à Sarah. *Pauvre Jodie, si elle connaissait la vérité...*

Quelques instants plus tard, un coup de klaxon retentit sous les fenêtres. Sarah reconnut la voiture des parents de Matt, qu'ils leur prêtaient pour le séjour. Jodie se donna un dernier coup de brosse avant de la ranger dans la poche latérale de son sac à dos vert bouteille.

— Voilà Matt, dit-elle en saisissant son sac.

Sarah était encore en contemplation devant le tiroir, incapable de décider quel sweat-shirt prendre. Mais en réalité, elle savait très bien ce qui motivait son hésitation : la perspective de ce départ la terrifiait littéralement. Si seulement quelque chose pouvait survenir pour empêcher leur semaine de vacances... Un tremblement de terre, n'importe quoi...

— Allez, viens, appela Jodie sur le seuil de la chambre. Qu'est-ce que tu attends ?

Sarah exhiba les deux pulls.

— Je n'arrive pas à choisir.

Jodie revint sur ses pas, lui prit les sweat-shirts des mains et les fourra dans le sac à dos de Sarah.

— Prends les deux.

— Mais mon sac va être trop lourd.

— Et à quoi sert Matt, alors ? dit Jodie en la tirant par la main.

— Hein ?

— A porter ton sac quand il devient trop lourd, expliqua Jodie avec impatience. Hou là là ! tu es vraiment à côté de la plaque, ce soir. Bon, allons-y, maintenant, avant que les parents d'un de nous quatre se rendent compte qu'ils sont fous de nous laisser partir comme ça.

Sarah attrapa son sac à dos et suivit Jodie en bas de l'escalier. Elles traversèrent le salon, où son père, assis sur le canapé, regardait un tournoi de golf à la télévision en puisant du pop-corn dans un grand saladier jaune. Il n'aurait probablement même pas remarqué le départ de Sarah si elle n'avait pas dit :

— Au revoir.

— Bon voyage, répondit-il.

Et il agita la main sans détacher les yeux du téléviseur.

Sarah et Jodie étaient pratiquement à la porte d'entrée lorsque Mme Wilkins passa la tête hors du bureau où elle travaillait sur son ordinateur.

— Oh, attends, ma chérie, cria-t-elle.

Les deux filles échangèrent un regard.

— Oui, maman, qu'est-ce qu'il y a ? demanda Sarah en priant pour que sa mère ait soudain changé d'avis et lui interdise de s'en aller.

— Tu as pensé à emporter mes vêtements au pressing, aujourd'hui ? interrogea Mme Wilkins.

— Oui, maman, dit Sarah avec un soupir. J'ai laissé le ticket sur ton secrétaire.

— Tu as bien rangé ta chambre ?

— Oui, maman.

— Parfait, amuse-toi bien.

— Merci, maman.

Le plus stupéfiant, c'est que ni sa mère ni son père n'avaient pris la peine de lui demander où ils allaient exactement.

Dehors, l'air était frais et vif en cette mi-avril. Sarah respira un grand coup et leva les yeux vers le soleil flamboyant qui se couchait à l'horizon d'un ciel sans nuages. Il n'y avait aucun signe de la voiture de Matt ni du garçon.

— J'aurais juré que c'était son klaxon, s'étonna Jodie en avançant jusqu'au bord du trottoir. Pas toi ?

Sarah hocha la tête. Elle aussi avait reconnu l'avertisseur de l'Isuzu. Mais elle ne fut pas autrement surprise que la voiture soit invisible... puisque Matt était impliqué là-dedans.

— Ça ne serait pas encore une des vannes idiotes de Matt ? demanda Jodie.

— A ton avis ? répliqua Sarah avec un haussement de sourcils évocateur.

Un moment plus tard, l'Isuzu Trooper blanche apparut au coin de la rue. Tandis que la voiture roulait vers elles, Jodie poussa soudain un cri :

— Il n'y a personne au volant !

C'était vrai. Le siège du conducteur était vide. Le véhicule semblait avancer tout seul. Et il se dirigeait droit sur les filles.

— Cours ! hurla Jodie.

2

Jodie laissa tomber son sac et fonça dans l'allée qui remontait chez Sarah, laquelle jeta un bref coup d'œil vers la maison mais resta plantée là, en plein sur la trajectoire de la voiture.

L'Isuzu lui arrivait dessus...

— Attention, Sarah ! cria Jodie.

Mais Sarah ne bougea pas. A un mètre cinquante d'elle, le véhicule pila dans un crissement de pneus. Sarah se contenta de sourire et de regarder le siège vide. Le moteur rugissait, menaçant, comme si la voiture allait charger d'une seconde à l'autre. Imperturbable, Sarah cria par-dessus le grondement des décibels :

— C'est hilarant, Matt.

Le moteur rugit de plus belle.

— Bon, allez, Matt, cria-t-elle. Ça finit par devenir lassant.

Une seconde plus tard, un Matt hirsute surgissait de sous le tableau de bord. Il la contempla d'un air déçu.

— Comment tu as deviné ? demanda-t-il en repoussant une mèche blonde qui lui barrait le front.

— Matt, si ç'avait été n'importe qui au monde je n'aurais rien deviné. Mais avec toi, je m'attends toujours à quelque chose dans ce goût-là.

Elle fit le tour de l'Isuzu jusqu'à la vitre du côté conducteur, bientôt rejointe par Jodie.

— Où tu étais ? interrogea celle-ci, encore stupéfaite.

— Allongé par terre, répondit Matt.

— Tu n'as tout de même pas conduit sans voir où tu allais ! s'écria Jodie, alarmée.

— Il voyait très bien, rassure-toi, expliqua Sarah en passant une main par la vitre ouverte.

Elle sortit de la voiture un périscope en carton muni de deux petits miroirs. Exactement le même que celui qu'emportait son père pour voir par-dessus la foule lorsqu'il se rendait à un tournoi de golf.

— N'empêche, moi je trouvais ça plutôt réussi, comme gag, dit Matt à Sarah. Il faut croire que tu es trop futée pour moi.

Ses paroles étaient acerbes. Matt était généralement accommodant, mais, cette fois, sa voix trahissait une colère qui surprit Sarah.

Il gara sa voiture dans l'allée et en sortit. Il portait un vieux jean aux genoux maculés d'herbe et de terre. Sa chemise chamois était froissée, et les lacets de ses chaussures de randonnée, défaits, traînaient par terre. Devant leurs sacs, il marqua une pause et passa une nouvelle fois ses doigts dans ses cheveux.

— Bon, je vais commencer par m'occuper de vos bagages, mesdemoiselles, dit-il en ouvrant la portière arrière.

Il souleva le sac de Jodie et le hissa à l'intérieur. Puis il prit celui de Sarah.

— Hé, qu'est-ce que tu as mis là-dedans ? grommela-t-il. Des cailloux ?

Sarah fut immédiatement sur ses gardes. Etait-il de mauvaise humeur parce qu'il savait ce qui s'était passé la veille ? Non, c'était impossible.

A moins qu'Adam ne le lui ait raconté...

— Je... Euh, je n'arrivais pas à décider quoi emporter, dit-elle en l'observant avec circonspection.

— Je vois le genre, alors tu as tout pris, dit Matt en refermant le hayon. C'est l'avantage avec Jodie, au moins elle sait voyager léger.

Sarah fut saisie d'un imperceptible frisson. Elle détestait que Matt la compare à Jodie. Mais c'était sans doute inévitable, compte tenu de ce qui s'était passé entre Matt et Jodie. Ils étaient sortis ensemble pendant toute leur année de première, et, même après leur rupture, ils étaient restés bons amis. Mais depuis l'épisode de la nuit précédente, Sarah ne se jugeait plus aucun droit d'être perturbée par l'ancienne intimité de Matt et de Jodie.

Matt s'assit au volant, Sarah le rejoignit sur le siège du passager, et Jodie s'installa sur la banquette arrière.

— O.K. Les filles, la fête peut commencer ! déclara Matt en tapant dans ses mains.

Pendant qu'il quittait l'allée de chez les Wilkins, Sarah garda les yeux tournés vers la vitre, incapable de regarder Matt sans éprouver un vif pincement de culpabilité et de remords.

— A condition de ne pas oublier tu sais qui, remarqua Jodie.

— Mon meilleur pote, tu veux dire ? fit Matt en passant la première. Pas question de l'oublier ! Direction chez Adam, en avant toute !

L'idée qu'elle allait revoir Adam dans quelques minutes plongea Sarah dans l'angoisse. Elle songea même à simuler des maux d'estomac, mais cela ne servirait sans doute qu'à faire arrêter Matt à la pharmacie du coin pour lui prendre quelque chose. Arrêté à un feu, Matt entreprit de jouer avec le bouton de la radio.

Puis, soudain, il se tourna vers elle :

— Qu'est-ce qui t'est arrivé, hier soir ?

Sarah évita son regard.

— Je... je suis allée au centre commercial m'acheter des collants de sport, bredouilla-t-elle.

— D'accord, mais j'ai téléphoné chez toi à dix heures et demie et tu n'étais toujours pas rentrée.

— C'est drôle, intervint Jodie de la banquette arrière. J'ai appelé Adam à peu près au même moment, et il n'était pas chez lui non plus.

Sarah ne dit rien. Le feu passa au vert et Matt enfonça la pédale en jetant un coup d'œil vers Jodie dans le rétroviseur.

— Tu ne crois pas qu'ils auraient fait des frasques en douce, tous les deux ? demanda-t-il.

— Matt ! s'écria Sarah avec un cri étranglé.

— Hé, je plaisantais !

Mais il ne souriait pas.

3

Matt s'arrêta devant la maison d'Adam et se tourna vers Sarah et Jodie :

— Dites, les filles, vous voulez aller l'aider à sortir ses affaires ? Je vais faire de la place à l'arrière.

Au lieu d'ouvrir la portière, Jodie se pencha en avant et tourna le bouton de l'autoradio pour rechercher une station d'informations.

— Allez-y, je voudrais écouter le bulletin météo.

S'il y avait une chose que Sarah n'avait pas envie de faire, c'était bien de se rendre toute seule chez Adam. Mais si elle refusait, les autres trouveraient son comportement bizarre ; elle sortit donc de la voiture et remonta lentement l'allée pavée. La porte d'entrée était ouverte. Sarah aperçut un sac à dos posé dans le vestibule, ainsi que plusieurs sacs de couchage et un assortiment de cannes à pêche.

Mais aucune trace d'Adam.

Sarah entra, espérant attraper quelques affaires et revenir à la voiture sans avoir à tomber sur lui. Elle ramassa prestement deux sacs de couchage, puis se redressa et se retourna. Et là, elle faillit pousser un cri.

Adam se tenait juste derrière elle. Elle ne l'avait pas entendu arriver. Ses yeux d'un bleu intense étaient fixés sur elle, une mèche de cheveux bruns bouclait sur son front. Elle s'arracha à sa contemplation. Si seulement il n'était pas si beau…

— Je suis content que tu sois venue seule, dit-il avec calme en jetant un coup d'œil vers l'entrée.

— Pourquoi ? demanda Sarah en reculant d'un pas.

— Attends.

Adam tendit une main vers elle, puis, se rendant compte de ce qu'il faisait, laissa retomber son bras.

— Je voulais seulement te parler d'hier soir.

— Eh bien, quoi ? demanda Sarah avec nervosité.

— Tu sais, de ce qui s'est passé.

Sarah regarda du côté de la porte, terrifiée à l'idée que Matt ou Jodie les surprennent.

— Je suis désolée, Doug, mais je ne peux pas parler de ça pour l'instant.

Adam parut perplexe.

— Doug ? Pourquoi tu m'appelles Doug ? Qui est-ce ?

En guise de réponse, Sarah se détourna et ressortit rapidement dans l'allée avec les sacs de couchage. Elle n'avait aucune idée de qui était Doug, ni de la raison pour laquelle elle avait appelé Adam ainsi. Mais c'était la deuxième fois en moins d'une heure qu'elle se trompait de prénom avec quelqu'un qu'elle connaissait bien. Etait-ce à cause de ce qui s'était passé la veille ? Ou bien était-il en train de se passer autre chose ?

— Il reste encore beaucoup d'affaires ? s'enquit Matt en prenant les sacs des mains de Sarah.

Fidèle à son tempérament, il empilait les bagages dans le fouillis le plus absolu.

— Pas trop, non. Je crois qu'il peut apporter le reste tout seul.

Sarah remonta à l'avant de la Trooper. Jodie était toujours assise derrière, et avait remis une station de variétés.

— Ça y est, tout est chargé ? demanda-t-elle.

— Dès que Matt aura fini de balancer le reste dans le coffre, répondit Sarah.

— Il faut dire que l'organisation, ce n'est pas son truc, soupira Jodie.

Sarah ne pouvait s'empêcher d'être gênée quand Jodie parlait de Matt dans des termes aussi familiers.

L'été précédent, peu après l'arrivée de sa famille à Glendale, Sarah avait rencontré Matt à la piscine municipale. Bientôt, ils avaient commencé à sortir ensemble. Matt lui parlait beaucoup d'Adam, et dans des termes admiratifs, mais il avait à peine évoqué Jodie. Puis, à la rentrée, Jodie et Adam étaient revenus des camps où ils avaient passé l'été en temps qu'animateurs. Soudain, ils s'étaient retrouvés à sortir tous les quatre presque tous les week-ends, et Sarah ne pouvait s'empêcher d'être un peu jalouse de ce qu'il y avait eu entre Matt et Jodie.

D'un autre côté, que dirait Matt s'il savait que la nuit précédente elle s'était retrouvée dans les bras de son meilleur ami ?

Ils entendirent la porte de la maison se refermer, et Adam arriva, portant son sac à dos et les cannes à pêche. Contrairement à Matt, il était correctement habillé : pantalon kaki et chemise en toile de jean impeccables.

— Il croit vraiment qu'on a l'intention de manger le produit de leur pêche ? chuchota Jodie en regardant Adam et Matt terminer le chargement. Déjà le camping, franchement, ça te branche, toi ?

— A vrai dire, ça me faisait plutôt plaisir, comme perspective, répondit Sarah.

Du moins, jusqu'à hier soir.

— Pourquoi ?

— Parce que je n'ai jamais eu l'occasion de découvrir ça. Pour mes parents, le comble de l'aventure, c'est d'essayer un nouveau restaurant.

— Tiens, à propos de restauration, dit Jodie, tu as pensé à la bouffe ?

Sarah hocha la tête.

— On a assez d'œufs brouillés lyophilisés et de boîtes de conserve pour soutenir un siège. C'est aussi pour ça que mon sac est si lourd. Et toi, qu'est-ce que tu as pris ?

— Oh, seulement l'indispensable : des cookies, du chocolat, des Mars, des biscuits aux figues...

Elles entendirent la voix d'Adam, dehors.

— C'est ça que tu appelles charger une voiture, Matt ? demanda-t-il en désignant l'amoncellement hétéroclite, à l'arrière.

— Ben oui. Pourquoi ? répliqua Matt en haussant une épaule. Qu'est-ce qui cloche ?

Adam se contenta de sourire avec indulgence.

— Rien. Donne-moi juste deux minutes.

Ils attendirent qu'Adam ait recommencé le chargement, en installant chaque objet avec soin. Sarah ne pouvait s'empêcher de songer à quel point les deux garçons étaient différents. Qu'il sorte de la douche ou d'un match de basket-ball, Matt avait l'air d'un épouvantail. Adam, au contraire, était toujours propre et soigné. Sarah s'en voulait de penser une chose pareille, mais elle préférait l'élégance au laisser-aller.

La porte arrière claqua. Une seconde plus tard, Matt s'installait au volant et Adam rejoignait Jodie à l'arrière.

— Salut, beauté, lui dit-il en souriant.

Il déposa un rapide baiser sur ses lèvres. A l'avant, Sarah les regardait du coin de l'œil, mal à l'aise. Elle aurait préféré qu'il ne fasse pas cela.

— Bon, dit Matt en tournant la clé de contact. C'est votre dernière chance, les gars. Est-ce que tout le monde a tout ce qu'il lui faut ?

— J'ai oublié mon séchoir, annonça Jodie.

— Tu n'en auras pas besoin, répondit Adam. Il n'y a pas l'électricité dans le cabanon de mon oncle.

— Tu ne m'avais jamais dit ça ! s'exclama Jodie en fronçant les sourcils.

— Qu'est-ce que ça peut faire ? s'étonna Adam.

— Ce que ça peut faire, c'est que je dois finir de lire *David Copperfield* pendant ce séjour, répondit-elle. J'ai un compte rendu à rédiger au retour.

— Aucun problème, déclara Adam. Tu pourras lire à la lueur de la lampe tempête.

Jodie poussa un soupir.

— Quand tu as dit que tu allais nous la jouer à la dure, je ne m'attendais tout de même pas à quelque chose d'aussi rustique.

— Je te promets que tu vas adorer ! répliqua Adam.

— O.K., fit Matt. Alors, est-ce que tout le monde est prêt ? Cette fois, c'est vraiment notre ultime chance.

Ce qui aurait été une chance, pour Sarah, ç'aurait été de ne pas partir et d'essayer de comprendre ce qui s'était produit la veille au soir. Mais, bien sûr, elle était condamnée à garder son secret. Et tandis que Matt faisait marche arrière dans l'allée, elle poussa un soupir et s'enfonça dans son siège. La semaine à venir allait être la plus longue de sa vie.

4

Pendant les trois premières heures de route, ils ne virent pas le temps passer. Ils écoutèrent des cassettes et évoquèrent le championnat d'athlétisme sur piste qui s'était déroulé la veille. Sarah adorait la course et pratiquait ce sport depuis qu'elle était petite. La veille, elle était arrivée première au quinze cents mètres et, grâce à elle, son équipe avait terminé en deuxième position au quatre cents mètres relais.

— Est-ce qu'il n'y a pas une rencontre contre Burns, juste après notre retour ? interrogea Matt.

— Si, répondit Sarah.

— Comment tu vas faire pour garder la forme ?

— Dis donc, il a raison, intervint Adam. Je suis désolé, mais il y a peu de chances pour que tu trouves une piste où t'entraîner, là où je vous emmène.

Chaque fois que Sarah entendait la voix d'Adam, elle sentait quelque chose remuer à l'intérieur de sa poitrine. Ils savaient tous deux ce qu'ils cachaient aux autres. Ils savaient tous deux qu'ils jouaient la comédie.

Si seulement Matt et Jodie n'étaient pas là.

— Oh, ça ira, répondit Sarah en essayant de garder une voix normale. Quand j'étais petite, je courais tout le temps à travers bois.

Elle n'ajouta pas qu'elle avait la ferme intention de passer beaucoup de temps dans les bois, pendant cette semaine de vacances. Tous les prétextes seraient bons pour éviter Matt et Jodie.

Matt conduisait pied au plancher sur l'autoroute

déserte et plongée dans l'obscurité. Puis Adam lui indiqua la sortie à prendre, et ils se retrouvèrent sur une petite route qui semblait devenir de plus en plus étroite à mesure qu'ils s'enfonçaient dans la forêt. Bientôt, ils ne distinguèrent plus à la lueur des phares que les ombres des arbres bordant les bas-côtés.

— Dites donc, ça fait froid dans le dos, ce paysage, vous ne trouvez pas ? demanda Matt.

— C'est une partie de la forêt totalement préservée, expliqua Adam. Le monde était comme ça avant que l'homme n'arrive et ne se mette à tout bétonner.

— Personnellement, ça ne me dérangerait pas du tout qu'il se pointe, là, maintenant, pour ajouter quelques réverbères et un McDo, décréta Jodie en réprimant un frisson.

— Pas besoin de réverbères, ici, répliqua Adam. On a les étoiles et la lune.

Sarah contempla le ciel de la nuit par la vitre, mais elle avait beau plisser les yeux, elle ne voyait ni la lune ni la moindre petite étoile.

Environ une demi-heure après la sortie de l'autoroute, il se mit à pleuvoir. D'abord quelques gouttes, puis de plus en plus, qui crépitèrent bientôt sur le pare-brise. Matt mit en route les essuie-glaces et regarda Adam dans le rétroviseur.

— Dis, ce n'est pas toi, par hasard, qui m'avais affirmé que la météo était bonne ?

— C'est ce que j'avais entendu dire.

— Moi aussi, dit Jodie. Il y a deux heures, devant chez Adam. Temps clair et frais ce soir, et ensoleillé demain. Et dans les prévisions à long terme, ils disaient que le beau temps durerait toute la semaine.

— On a vu mieux, comme beau temps, commenta Matt en contemplant le pare-brise.

Sarah se tourna vers lui, mais, ce faisant, elle pouvait aussi observer Adam du coin de l'œil.

— Tu crois qu'on devrait rentrer et attendre un jour ou deux, pour voir si ça se dégage ? demanda-t-elle avec espoir.

— Allons, on ne va pas se laisser impressionner par un petit orage isolé, déclara Adam. D'ailleurs, on a fait les trois quarts du trajet, maintenant.

Sarah se retourna complètement vers lui. Adam la regardait avec une expression indéchiffrable. La pluie aurait fait une excuse idéale pour annuler le voyage. Pourquoi ne l'avait-il pas saisie au vol ? Pourquoi la situation ne le rendait-elle pas aussi mal à l'aise qu'elle ?

A présent il tombait des cordes et Matt dut ralentir, puis rouler pratiquement au pas. La route devenait de plus en plus étroite, avec de profonds fossés de part et d'autre.

— Ça risque d'être intéressant si par hasard on croise une autre voiture, remarqua Matt en essayant de scruter l'horizon.

Des gerbes d'eau giflaient le pare-brise balayé par les essuie-glaces, et ils avançaient cahin-caha, malmenés par la chaussée défoncée.

— T'en fais pas, tu verras leurs phares d'assez loin, le rassura Adam.

— Ce n'est pas ça, mais la route est tellement étroite qu'il n'y a pas la place pour deux. Si quelqu'un arrive en face, l'un de nous va échouer dans le fossé.

Sarah reconnut son ton. Matt essayait de paraître détaché, mais il s'agrippait tellement au volant qu'elle vit blanchir ses jointures.

Soudain, Matt écrasa le frein et l'Isuzu pila. Sarah fut projetée en avant, heureusement retenue par la ceinture de sécurité.

— Qu'est-ce qui se passe ? demanda Jodie avec inquiétude.

— Rien, je suis désolé, je ne voulais pas freiner si brutalement, mais regardez.

Il montra du doigt le pare-brise mouillé. Dix mètres plus loin, la route s'arrêtait net. Les phares éclairaient un panneau jaune avec une flèche à deux pointes, l'une indiquant la droite, l'autre la gauche. Matt se tourna vers Adam.

— Qu'est-ce qu'on fait ?

Adam se mordit la lèvre.

— Je ne me souviens pas de ça. Je me demande si on n'aurait pas raté une bifurcation, quelque part derrière.

— Je n'ai vu aucune autre route, remarqua Matt.

La pluie battante tambourinait sur le toit de la voiture. A l'intérieur, les occupants ne disaient rien. Enfin, Sarah brisa le silence.

— On devrait peut-être faire demi-tour.

— Ça fait un sacré trajet, objecta Matt.

— Je suis sûr qu'on ne s'est pas trompés de sortie d'autoroute, dit Adam. Essaie de prendre à droite. Si ce n'est pas la bonne direction, on rebroussera chemin.

Matt braqua vers la droite, et lorsqu'ils passèrent sous le panneau, Sarah remarqua qu'il n'était pas planté sur un poteau indicateur : il était cloué à même le tronc d'un gros arbre aux branches noueuses et tordues. Curieusement, elle eut soudain la certitude d'avoir déjà vu ce panneau et cet arbre quelque part.

Mais quand ?

5

Ils roulèrent en silence sur plusieurs kilomètres, durant lesquels Matt s'efforça de contourner les nids-de-poule et les branches mortes qui jonchaient la chaussée. Il pleuvait toujours à torrents et, de temps à autre, un éclair zébrait le ciel d'un noir d'encre. A la faveur de ces lueurs occasionnelles, Sarah se rendit compte qu'il n'y avait autour d'eux que la forêt, dense et sinistre. Une brume glaciale commença à se mêler aux trombes d'eau, et Matt dut allumer les phares antibrouillard. Ils regardaient tous devant avec anxiété, cherchant une signalisation quelconque.

— Tu reconnais quelque chose ? demanda Matt en se débattant avec le volant pour éviter les obstacles.

— Non, mais... Oh, si, regardez !

Il pointa l'index, mais les trois autres ne virent que des troncs d'arbres, sombres et détrempés.

— Qu'est-ce qu'il faut regarder ? interrogea Matt.

— Tu vois, ce panneau « Propriété privée » ?

Sarah plissa les yeux. Cloué à même le tronc d'un arbre, au bord de la route, un panneau blanc signalait aux intrus qu'ils s'exposaient à recevoir une volée de plomb.

— Quoi, ce panneau ? demanda Matt.

— Je me souviens d'en avoir vu un comme ça sur le chemin de chez mon oncle, dit Adam.

— Oh, Adam, je t'en prie, il n'y a pas plus banal, comme panneau. J'en ai vu des centaines.

— Oui, mais l'arbre aussi me dit quelque chose, insista Adam.

— Super ! grogna Matt en repartant. Des arbres comme celui-là, j'ai dû en voir quelques milliers.

Une heure s'écoula. Il était plus de minuit. La route étroite et pleine d'ornières semblait se dérouler à l'infini à travers le brouillard. Malgré la profonde anxiété qu'ils partageaient tous les quatre, Sarah sentit la fatigue l'envahir. Elle avait à peine pu fermer l'œil la nuit précédente, et ses paupières s'alourdissaient.

Puis, de nouveau, l'Isuzu s'arrêta.

— Qu'est-ce qu'il y a, cette fois ? demanda Jodie.

— Regardez ! annonça Matt.

A travers la pluie et le brouillard, ils virent que l'asphalte s'arrêtait là. Devant eux, il n'y avait plus qu'un chemin de terre boueux et raviné.

— C'est bon ! s'écria Adam.

— On peut savoir ce que ça a de bon ? fit Jodie, sceptique.

— Je me souviens que juste avant d'arriver chez mon oncle, on emprunte une route bitumée qui se transforme en chemin de terre. Je parie que le cabanon est juste là, un peu plus loin.

La mâchoire de Sarah se contracta. Tous ses espoirs de rebrousser chemin et d'abandonner leur projet de vacances tombaient à l'eau.

— Heureusement qu'on a un quatre-quatre, fit remarquer Matt en passant la première.

L'Isuzu fit un bond en avant et, pendant quelque temps, ils cahotèrent et dérapèrent sur la route boueuse. Adam répétait qu'il était certain du chemin, qu'ils allaient arriver d'une minute à l'autre au cabanon. La seule chose dont Sarah était sûre, c'est qu'elle avait du mal à garder les paupières ouvertes.

Soudain, elle aperçut une masse sombre en plein milieu de la route, droit devant eux. De plus en plus grosse. Elle cligna des yeux. Un véhicule arrivait en face ! Sous l'éclat des phares, on aurait dit un vieil autobus scolaire, qui roulait toutes lumières éteintes. Sarah attendit une fraction de seconde que Matt fasse un écart sur la droite pour le laisser passer, mais non, il continuait de rouler tranquillement au milieu de la route. L'autocar n'était plus qu'à une dizaine de mètres !

— Attention ! s'écria Sarah.

Matt se pencha en avant et contempla la nuit.

— A quoi ?

Elle n'avait pas le temps de lui expliquer. Le bus allait les heurter de plein fouet. Matt ne voyait donc rien ? Qu'est-ce qui lui prenait ? Il fallait à tout prix éviter un choc de front. Elle se pencha vivement vers lui, saisit le volant et tira vers elle. L'Isuzu quitta la route et évita de justesse la collision avec l'autocar.

A l'arrière, Jodie poussa un cri tandis que la voiture piquait du nez dans le fossé, avant de s'immobiliser brutalement. Sarah fut projetée en avant, elle sentit la ceinture de sécurité se tendre en travers de sa poitrine. Par la fenêtre, elle aperçut le vieil autobus qui continuait son chemin. Il avait l'air d'être peint en rose, et était couvert d'étranges décorations : des fleurs, des emblèmes pacifistes...

— Tout le monde va bien ? demanda vivement Adam.

Sarah et les autres hochèrent la tête.

— Mon Dieu, qu'est-ce qui t'a pris ? demanda Matt en contemplant Sarah.

— Tu ne l'as pas vu ? s'exclama-t-elle, stupéfaite.

— Vu quoi ?

— Mais ce... ce bus.

Matt fronça les sourcils et se tourna vers Adam et Jodie.

— Quelqu'un a vu un bus ?

Ils firent signe que non, et Matt revint vers Sarah.

— Si un bus était arrivé en face de nous, je pense que je l'aurais remarqué, dit-il. On peut difficilement rater un truc pareil.

— Il était rose, je crois, avec des tas de motifs peints dessus, reprit Sarah. Sorti tout droit de Woodstock.

— A mon avis, tu devais être en train de rêver.

— Non, Matt, je te jure que je l'ai vu, insista Sarah. Il fonçait sur nous. On a eu de la chance de ne pas se faire écrabouiller.

— Par un bus rose ? fit Matt avec une moue dubitative. Et pourquoi pas un éléphant rose ?

Sarah se rendit soudain compte que son histoire avait l'air absurde, mais pourtant elle l'avait bien vu, non ? A moins que Matt n'ait raison ? Est-ce que cela aurait pu être un rêve ?

Les autres gardaient le silence et, pendant quelques instants, Sarah écouta le martèlement de la pluie sur le toit. Sa ceinture de sécurité lui comprimait l'épaule et la poitrine, elle avait du mal à respirer.

— Bon, l'incident est clos, déclara Adam. On va retourner sur la route, on ne devrait plus être loin, maintenant.

Matt passa la marche arrière et enfonça la pédale. Ils entendirent le moteur rugir tandis que les pneus dérapaient dans la boue.

— Zut ! On est embourbés ! grogna-t-il.

Sarah essaya de respirer un grand coup, pendant que Matt réitérait la manœuvre, passant de la première à la marche arrière pour dégager la voiture.

L'Isuzu remua à peine.

— Quelqu'un a une idée ? demanda Matt.

Sarah secoua la tête, parvenant enfin à reprendre son souffle. Matt fit une dernière tentative. Tout aussi infructueuse que les précédentes. Enfin, il renonça et appuya son front contre le volant.

— Super, marmonna-t-il. On est bien avancés, maintenant.

6

Le vent s'était levé et faisait tourbillonner des bourrasques de pluie autour de la voiture. Sarah regardait les ruisselets d'eau couler le long des vitres. Dehors, à la lueur des phares, on ne voyait que les branches et les troncs désolés des arbres à travers un brouillard fantomatique.

— Je croyais qu'il y avait quatre roues motrices, sur cette voiture, remarqua Jodie.

— C'est vrai, répliqua Matt, mais il y a certaines circonstances devant lesquelles même quatre roues motrices sont impuissantes. Quand on est enlisé dans la gadoue au fond d'un fossé, par exemple.

— Alors, qu'est-ce qu'on fait ? demanda Sarah.

Matt lui jeta un coup d'œil en coin. Elle vit qu'il lui en voulait encore de les avoir envoyés dans le décor. Mais ç'avait été plus fort qu'elle : pendant quelques instants, le bus rose avait été aussi tangible qu'un nez au milieu d'une figure.

— On n'a plus qu'à attendre que quelqu'un passe par là et nous vienne en aide, soupira Jodie.

Matt plongea son regard à travers le pare-brise.

— Je doute sincèrement que quelqu'un débarque sur cette route à une heure pareille... Excepté un autre bus rose, peut-être.

Sarah sentit ses joues s'empourprer. Ce n'était pas juste. *Ils me reprochent tous ce qui est arrivé.* Malgré sa bonne foi, elle commençait cependant à sérieusement s'inquiéter. D'abord, elle s'était mise à les appeler par des prénoms qui n'étaient pas les leurs. Puis ce bus, que les autres juraient n'avoir pas vu... Cela ne lui ressemblait pas du tout, ce genre de comportement.

— Ecoutez, décida Adam, je suis sûr que le cabanon n'était pas loin de l'endroit où se terminait la route goudronnée. On pourrait peut-être essayer de continuer à pied.

— Dans le noir et sous la pluie ? demanda Jodie.

— J'ai apporté une lampe électrique étanche, dit-il. Nos cirés nous protégeront.

— Quels cirés ? demanda Matt.

— Vous n'avez rien prévu pour le cas où il pleuvrait ? s'exclama Adam.

Les autres secouèrent lentement la tête.

— D'après la météo, expliqua Jodie, il n'y avait aucun risque de pluie.

— Eh bien, moi, j'ai emporté un imper, déclara Adam. Et j'ai un vieux poncho imperméable que je pensais utiliser comme tapis de sol. Les filles n'auront qu'à mettre ça. Au moins, elles resteront à peu près au sec.

Malgré elle, Sarah remarqua qu'en dépit de la situation délicate Adam restait prévenant et attentionné. Matt, lui, ne faisait jamais preuve d'une telle sollicitude.

— Et pendant ce temps-là, constata justement ce dernier, toi et moi, on va se faire saucer.

— Eh oui ! fit Adam avec un sourire en coin. Mais on ne va pas fondre, et puis après, on séchera.

— On pourrait rester dans la voiture et se raconter des histoires d'horreur, suggéra Matt.

— *Non !* s'écria Sarah avec force.

Les autres se tournèrent vers elle, surpris par la virulence de sa réaction. Sarah elle-même ne comprenait pas ce qui l'avait fait bondir ainsi.

— Même marcher sous la pluie, c'est presque tentant à côté de ce que tu proposes, dit-elle rapidement, comme pour se disculper.

— Qu'est-ce que vous en pensez, les filles ? demanda Adam. On y va ?

Sarah croisa le regard interrogateur de Jodie, puis se tourna vers la vitre... la nuit, le brouillard et la pluie. Ce n'était vraiment pas engageant. Mais rester dans la voiture posait d'autres problèmes : s'ils restaient, ils parleraient. Et, tôt ou tard, la conversation retomberait inévitablement sur les emplois du temps de Sarah et d'Adam, la veille au soir. Elle se retourna vers Jodie.

— Je crois qu'on devrait essayer, dit-elle.

Jodie parut surprise, mais elle garda le silence.

— Dans ce cas, c'est décidé, fit Adam. Pour l'instant, on va juste prendre nos sacs. On reviendra demain chercher le reste des affaires.

Les filles regardèrent Matt et Adam ouvrir leur portière et sortir. Soudain, le grondement de la pluie parut assourdissant, et un brouillard glacial et humide s'insinua dans la voiture. Pendant que les garçons allaient chercher les sacs à l'arrière, Jodie se tourna vers Sarah.

— Tu t'appelles Gribouille, ou quoi ? dit-elle à voix basse. T'as envie qu'on attrape une pneumonie ?

— Je pensais que ça valait mieux que de rester assis dans la voiture toute la nuit, chuchota Sarah.

— En tout cas, j'espère que tu as pris la bonne décision.

— Moi aussi.

Quelques minutes plus tard, ils avançaient en file indienne sur la route obscure et détrempée, Adam en tête avec sa torche électrique. Sarah marchait derrière lui, protégée par le poncho vert olive. A chaque pas ses chaussures collaient à la boue. La pluie mitraillait bruyamment sa capuche.

— C'est encore loin, Adam ? demanda Jodie en pataugeant dans la gadoue, derrière Sarah.

— Plus très loin... je crois.

Sarah discerna l'incertitude dans sa voix, et s'en alarma. Enfin, au moins elle était relativement au sec. Son seul problème immédiat était la pluie qui ruisselait des bords de la capuche, roulait le long de son front et lui chatouillait le bout du nez, si bien qu'elle devait marcher tête baissée.

Soudain, elle se cogna contre quelque chose.

— Hé ! s'écria Adam.

C'était à son dos qu'elle s'était heurtée. Pour une raison mystérieuse, il s'était arrêté. Elle leva les yeux et suivit le faisceau de sa lampe à travers la brume et la pluie, jusqu'à un endroit où la route bifurquait. Un arbre foudroyé, immense et décharné, se dressait au centre de la fourche.

— *L'Arcadie*, dit Sarah.

— Comment ?

— Euh...

Pourquoi avait-elle prononcé ce mot ? Que pouvait bien être l'Arcadie ?

— Rien, dit-elle enfin.

— Tu as parlé d'une arcade? demanda Jodie en les rejoignant.

— J'ai entendu Arcadie, moi, reprit Adam.

— Qu'est-ce que c'est que ça? interrogea Matt.

Sarah fit un signe d'impuissance.

— Aucune idée. Ça m'est venu à l'esprit, comme ça.

Les autres la dévisagèrent quelques secondes sous les trombes d'eau, puis Matt haussa les épaules.

— Enfin, au moins ce n'est pas encore une histoire de bus.

— Adam, demanda Jodie, ça te rappelle quelque chose, cette fourche?

La pluie avait plaqué les cheveux d'Adam sur sa tête.

— Non. Pas vraiment.

— De mieux en mieux! grommela Matt. Bon, qu'est-ce qu'on fait?

— On ferait mieux de retourner à la voiture, fit Jodie avec nervosité. C'est débile de passer la nuit à tourner en rond sous une pluie battante.

Mais Adam s'approcha du vieil arbre mort et projeta le rayon de sa torche dans les broussailles et les ronces qui l'entouraient.

— Hé! Regardez ça! cria-t-il en ramassant quelque chose au milieu des buissons.

Les autres avancèrent, tandis qu'Adam exhumait un vieux panneau en bois qui avait dû choir là des années plus tôt. Sarah fut saisie d'un frisson glacial. A la lueur de la torche, on distinguait à peine une flèche indiquant la fourche de gauche, et les mots: *Auberge de l'Arcadie*.

Adam fit volte-face et, soudain, Sarah se trouva aveuglée par la lueur de la lampe électrique braquée sur son visage.

7

— Comment tu le savais ? demanda Adam.

Sarah leva la main pour se protéger.

— Tu m'éblouis.

Adam braqua sa torche vers le sol. Un éclair zébra le ciel au-dessus de leur tête, suivi de très près par le fracas assourdissant du tonnerre. Sarah baissa les yeux. A ses pieds, un véritable ruisseau inondait la route. Ils attendaient tous une réponse, mais elle n'en avait aucune. Elle n'avait jamais entendu parler de l'Arcadie. Il était absolument impossible que ses parents l'y aient amenée. Ses parents ne l'emmenaient jamais nulle part.

— Alors ? fit Adam.

— Je ne sais pas.

— Mais tu le sais forcément ! insista Adam. Tu n'as pas pu *inventer* un nom pareil.

— Je te jure que je n'en sais rien.

— Vous ne croyez pas qu'on pourrait s'inquiéter de ça plus tard ? intervint Jodie, au grand soulagement de Sarah. Sans vouloir paraître impatiente, je commence à être franchement pressée de trouver un abri.

Adam, silencieux, gardait les yeux fixés sur Sarah. Il était réellement stupéfait. Sûrement pas autant qu'elle, pourtant.

— Alors, qu'est-ce qu'on décide ? demanda Matt d'une voix tendue.

— D'après le panneau, l'auberge de l'Arcadie est de ce côté, dit Adam en indiquant l'embranchement de gauche.

— Mais elle a des lustres, cette pancarte, objecta Jodie.

— On trouvera peut-être quelqu'un pour nous aider, là-bas ? suggéra Adam.

— Si l'auberge est dans le même état que ce panneau, remarqua Matt, je doute que ça mérite le détour. Elle doit être à l'abandon, maintenant.

— Mais rien ne le prouve, ou bien elle a été remplacée par autre chose, dit Adam. Je trouve que ça vaut la peine d'aller voir.

— Qu'est-ce que tu en penses ? fit Jodie en regardant Sarah.

Sarah était encore en train de se demander comment elle avait pu connaître l'existence du panneau. Elle était certaine de n'avoir jamais de sa vie entendu parler de ce nom. Pourquoi toutes ces choses bizarres lui arrivaient-elles ?

— Sarah ?

— Hein ?

— Je t'ai demandé ce que tu en pensais, répéta Jodie.

— De quoi ?

Jodie secoua la tête.

— Ma parole, tu es vraiment à côté de tes pompes.

Soudain, une rafale de vent secoua les branches des arbres. Ils plaquèrent les mains sur leur visage pour se protéger les yeux.

— Adam a peut-être raison, dit Matt. Je me fiche un peu de là où on va, du moment que c'est sec et que je peux me changer. Même mon caleçon est trempé.

— Allez, je crois qu'on devrait pousser jusqu'à l'auberge de l'Arcadie, déclara Adam. On verra bien ce que c'est. De toute façon, on n'a pas tellement le choix.

Et sans attendre de protestations, il s'engagea sur le chemin de gauche.

Ils avaient l'impression de marcher depuis des heures. Ils passèrent devant de nouveaux embranchements, émirent de nouvelles suppositions, et prirent de nouveaux sentiers. Chaque fois, Adam déclarait qu'il était plus raisonnable de continuer que de rebrousser chemin. Sarah était fatiguée, les bretelles de son sac à dos lui meurtrissaient les épaules. Depuis le temps qu'ils pataugeaient dans la gadoue et les flaques, l'eau s'était infiltrée à l'intérieur de ses chaussures et détrempait ses chaussettes, qui faisaient un bruit de succion à chaque pas. La pire des sensations, cependant, c'était d'être perdu dans la nuit, sous la pluie, au fin fond des bois et à des centaines de kilomètres de chez soi.

— Mais qu'est-ce que...

En tête du petit cortège, Adam s'était arrêté de nouveau. Ils s'immobilisèrent tous les quatre, contemplant avec stupeur un grand panneau blanc dont les lettres dorées les accueillaient à *La Nouvelle Arcadie*. Derrière la pancarte, au bout d'une longue allée bordée de buissons bien taillés, il y avait une vieille auberge campagnarde, immense, entièrement refaite à neuf. Aucune lumière n'éclairait les fenêtres à cette heure de la nuit, mais un filet de fumée sortait de plusieurs hautes cheminées en brique.

— Ce doit être un rêve, murmura Jodie.

— Une auberge, paumée au milieu de nulle part ? dit Adam. Il y a des gens qui n'ont vraiment pas le sens du commerce !

— On s'en fiche, déclara Matt. Allons nous mettre à l'abri.

Ils s'engagèrent dans l'allée pavée avec un regain d'énergie. Soudain, Matt s'arrêta et regarda Sarah, derrière lui. Toujours debout à côté du panneau, elle contemplait la construction.

— Hé, qu'est-ce que tu attends ?

— Heu... rien.

Sarah se remit en marche à contrecœur. Quelque chose d'incroyablement bizarre était en train de se produire : dès l'instant où elle avait posé les yeux sur l'hôtel, elle avait été certaine d'y être déjà venue.

8

Sarah rattrapa les autres juste à temps pour voir Adam poser sa main sur la poignée en cuivre.

— Zut ! C'est fermé.

— Regarde.

Jodie montrait un bouton dans l'encadrement de la porte. Au-dessus, une petite plaque en laiton indiquait : « Gardien ».

— Pourvu qu'il y ait quelqu'un ! soupira Jodie en appuyant sur la sonnette.

— On a vu de la fumée sortir des cheminées, lui rappela Matt en claquant des dents.

Les garçons, trempés jusqu'aux os, devaient être frigorifiés, sous la pluie glaciale. Sarah recula de quelques pas et contempla la grande bâtisse blanche, de style colonial.

— Tu connais cet endroit ? demanda soudain Adam.

Sarah sursauta au son de sa voix, puis secoua la tête et regarda de nouveau la porte. Ils attendirent quelques instants, mais personne ne vint ouvrir. Matt essaya une deuxième fois.

— Allez, marmonna-t-il. Laissez-nous entrer.

Au premier étage, une lampe s'alluma. Peu après, une lumière extérieure éclaira le perron et ils entendirent le déclic du verrou que l'on ouvrait.

La lourde porte pivota sur ses gonds.

Un homme aux cheveux gris qui lui descendaient jusqu'aux épaules se dressait devant eux. Visiblement, il avait enfilé à la hâte une vieille chemise rapiécée et un jean. Il était pieds nus et son menton arborait une barbe de plusieurs jours. Il avait aux doigts une demi-douzaine de bagues en argent ornées de turquoises ainsi qu'un lourd bracelet assorti, au poignet gauche.

— Nous sommes vraiment désolés de vous déranger, dit Adam. Notre voiture s'est embourbée dans un fossé sur la route, et nous essayons de trouver du secours.

L'homme secoua la tête.

— Désolé, personne ici ne pourra vous sortir une voiture du fossé en plein milieu de la nuit.

— Alors vous pourriez peut-être nous héberger pour la nuit ? supplia Jodie.

Les yeux gris de l'homme s'étrécirent, et ses multiples rides s'accentuèrent tandis qu'il les dévisageait tour à tour.

— J'aimerais bien vous aider, mais nous ne sommes pas...

Il s'interrompit lorsque son regard croisa celui de Sarah. L'espace d'un instant, ils se regardèrent sans rien dire, puis elle détourna les yeux. Elle était sûre de ne jamais l'avoir vu et, pourtant, il y avait en lui quelque chose d'inquiétant et de familier à la fois.

— Bien sûr, dit-il en leur ouvrant plus grande la porte. Vous n'avez qu'à finir la nuit ici. Nous n'avons pas encore ouvert pour la saison, mais nous gardons deux chambres prêtes pour les hôtes arrivant à l'improviste.

— Oh ! merci, dit Jodie en poussant un soupir de soulagement.

— Oh oui, merci beaucoup ! renchérit Matt.

Lorsqu'ils entrèrent, la bouffée d'air chaud et sec les ragaillardit immédiatement. Sarah se délesta de son sac à dos avec bonheur.

— Vous avez dit que votre voiture est sortie de la route ? demanda l'homme en refermant derrière eux.

— C'est ça, répondit Matt en essuyant son visage dégouttant de pluie. A propos, est-ce que quelqu'un ici aurait un vieux bus scolaire rose ?

L'autre scruta un moment son visage.

— Pourquoi cette question ?

Matt montra Sarah du menton.

— Parce qu'elle a cru le voir arriver droit sur nous

tous feux éteints. C'est pour ça qu'on a fait une embardée.

L'homme hocha lentement la tête, posant de nouveau les yeux sur Sarah.

— A vrai dire, il y en avait effectivement un, ici, mais c'était il y a très très longtemps.

L'homme aux cheveux gris leur fit traverser le spacieux hall d'entrée, jusqu'à un couloir flanqué de chambres. L'auberge comptait deux étages, avec deux ailes de part et d'autre du hall central. Ils passèrent devant une niche où ils virent une glacière à boissons fraîches ainsi qu'un distributeur de bonbons et de chips.

— Est-ce que nous pourrions utiliser votre téléphone pour appeler une dépanneuse ? demanda Matt.

— Il est trop tard pour l'instant, mais j'appellerai le garage pour vous demain matin.

— La voiture est à deux ou trois kilomètres, un peu plus haut sur la route, dit Adam.

— D'accord.

— Dites-leur que c'est une Isuzu blanche, ajouta Matt.

— Une quoi ?

— Une Isuzu Trooper. Vous savez, un tout-terrain.

— Une Trooper, répéta l'homme en secouant la tête. Les choses ont bien changé, pas vrai ? Avant, les seuls véhicules tout-terrains qu'on voyait par ici, c'étaient des jeeps.

Il s'arrêta devant l'une des portes.

— Les filles, vous pouvez vous installer ici, dans la chambre 4. Les garçons vont prendre la 5, juste en face. Il y a deux lits à une place par chambre, vous serez tranquilles.

— Impeccable, dit Adam. Mon père m'a donné sa carte de crédit pour les situations d'urgence. Vous me direz ce que nous vous devons.

— Ne vous inquiétez pas pour l'oseille, les gars,

dit l'homme en jetant un nouveau coup d'œil vers Sarah. Passez une bonne nuit.

Puis il tourna les talons et s'éloigna lentement, les laissant debout dans le couloir mal éclairé. Sarah écouta ses pas résonner contre les murs jusqu'à ce qu'il ait disparu. Puis elle regarda l'autre bout du couloir. Il semblait y avoir une interminable enfilade de portes identiques.

— Bizarre, le type, non ? chuchota Matt. C'est vrai : qui utilise encore des mots comme oseille ? Enfin, à moins de parler du légume, évidemment !

— Je l'ai trouvé plutôt sympa, dit Adam. En tout cas, on a de la chance qu'il nous ait laissés rester.

— Tu as raison, dit Matt en frissonnant. Bon, moi, je suis à essorer, excusez-moi si je vous fausse compagnie mais j'ai hâte de me sécher.

Il posa la main sur la poignée de la chambre 5 et se retourna :

— A demain, les filles.

Jodie ouvrit à son tour la porte de la chambre numéro 4.

— A demain matin, dit Adam.

— Surtout, ne me réveille pas trop tôt, répondit Jodie avec un bâillement.

Elle entra dans la chambre et, soudain, Sarah et Adam se retrouvèrent seuls dans le couloir. Sarah sentit la chair de poule se former sur ses bras, mais elle savait que ce n'était pas à cause du froid.

— Comment connaissais-tu cet endroit ? demanda Adam.

— Je n'en sais rien. Je veux dire, je ne suis pas sûre que je le connaisse vraiment.

— Tu connaissais le nom, en tout cas. Et je t'ai observée pendant qu'on attendait, dehors. La façon dont tu regardais l'auberge...

Sarah sentit sur elle son regard pénétrant. Elle fut surprise de se rendre compte qu'elle n'essayait pas de s'y dérober, cette fois. Au contraire, il l'attirait irrésistiblement. Elle dut se faire violence pour ne pas se jeter dans ses bras.

— C'est drôle, comme on se retrouve tout le temps ensemble, dit-il alors à voix basse.

Les yeux de Sarah s'arrondirent. Est-ce qu'il ressentait la même attirance qu'elle ? Ce qui s'était produit la veille n'était peut-être pas un accident. Elle fit un pas vers lui, puis se ressaisit. Qu'est-ce qu'il lui prenait ? Elle était la petite amie de Matt, et Adam sortait avec Jodie. Tous deux se trouvaient à quelques mètres de là. Ils pouvaient surgir à tout moment, et même s'ils ne le faisaient pas, c'était mal. Sans rien ajouter, elle entra dans sa chambre et referma la porte.

— Je trouve qu'on s'en tire plutôt bien, décréta Jodie lorsqu'elles furent toutes deux couchées.

— Pourquoi ? demanda Sarah.

— Je parie que cette auberge est nettement plus confortable que le cabanon de l'oncle d'Adam, répondit-elle en bâillant. Bon, enfin, on sera fixés demain. Bonne nuit.

Jodie se retourna et remonta les couvertures jusqu'à son épaule. Sarah, elle, avait à peine fermé l'œil la nuit précédente et s'était assoupie dans la voiture, pourtant elle était maintenant parfaitement réveillée. Trop de phénomènes étranges s'étaient produits. Se tromper sur le prénom de ses amis, connaître l'Arcadie, la façon dont ce bonhomme bizarre aux cheveux gris s'était conduit à son égard, ses sentiments pour Adam, soudain tellement intenses...

Comment allait-elle réussir à passer une semaine dans ces conditions ? Chaque fois qu'elle regarderait Matt, Jodie ou Adam, elle se rappellerait ce qui était arrivé la veille...

Tout avait commencé quand elle avait pris le bus pour se rendre au centre commercial et acheter des collants au magasin de sport. Elle avait trouvé ce qu'il lui fallait et se dirigeait vers la caisse lorsqu'une canne à pêche avait soudain fait irruption devant elle. Et Adam avait surgi d'un étalage de cannes et de moulinets.

— Halte-là, mademoiselle, il faut payer un droit de passage, avait-il dit en riant.

Sarah avait contemplé ses beaux yeux d'un bleu sombre.

— Combien ?

— Quatre millions de dollars.

Sarah avait fait mine de fouiller dans ses poches.

— Oh, trop bête, il va me manquer un peu de monnaie.

— Alors une pizza ?

— Marché conclu, avait-elle répondu.

Après avoir réglé leurs achats respectifs, ils étaient allés prendre une part de pizza et un Coca. Adam parlait avec excitation de leur imminent voyage. Sarah se contentait de le regarder et de l'écouter. Adam était résolument plus beau que Matt, plus à l'aise, aussi. Et par moments, au fond de son cœur, Sarah regrettait d'avoir rencontré Matt en premier. Mais Adam sortait avec Jodie, et elle avec Matt, et il fallait bien qu'elle accepte ça, non ?

Ils parlèrent ensuite du championnat d'athlétisme qui s'était déroulé cet après-midi-là. La rencontre avait eu lieu dans le stade de leur école, et Adam et Jodie étaient venus encourager Sarah.

— Matt sait que tu as terminé première au quinze cents mètres ? demanda Adam.

Elle secoua la tête et baissa les yeux, s'absorbant dans la contemplation de la table. Matt n'était pas venu la voir. Elle le lui avait demandé, mais il avait déclaré être trop occupé par les préparatifs de leur départ.

Adam dut sentir qu'il avait touché une corde sensible, car il changea de sujet et lui parla de Middletown, de la vie qu'elle menait avant de déménager. Il semblait beaucoup plus intéressé par son passé que ne l'était Matt. Ils bavardèrent ainsi pendant plus d'une heure, se racontant des choses qu'ils n'avaient jamais eu l'occasion de se dire en présence de Matt ou de Jodie. Et plus le temps passait, plus Sarah se sentait captivée par Adam...

Puis les lumières de la pizzeria s'éteignirent et ils se rendirent compte que le centre commercial fermait ses portes. Adam lui proposa de la déposer chez elle.

Ils se garèrent devant la maison de Sarah et continuèrent à parler. Il faisait nuit, déjà, et la semi-obscurité se prêtait aux confidences. Adam avait un sens de l'humour pétillant, il était vif et intelligent, et Sarah buvait littéralement ses paroles. Elle le soupçonnait d'être également attiré par elle.

— Bon, dit-il enfin en la regardant dans les yeux. Je suis content qu'on se soit rencontrés.

— Oui, c'était vraiment chouette.

— J'aimerais bien qu'on ait plus souvent l'occasion de discuter comme ça.

Sarah aussi, mais elle ne le dit pas. Elle se détourna à regret pour détacher sa ceinture de sécurité. Elle n'avait aucune envie de le quitter, mais il le fallait bien. Cependant, quand elle appuya sur le mécanisme, il résista. Impossible de l'ouvrir. Adam se pencha vers elle.

— Ça se coince toujours, dit-il en appuyant de toutes ses forces.

La ceinture s'enroula enfin, et Adam leva les yeux vers Sarah. Leurs visages n'étaient qu'à quelques centimètres l'un de l'autre.

Avant même de se rendre compte de ce qui arrivait, elle prit son visage entre ses mains et déposa sur ses lèvres un long et fougueux baiser.

Sarah rêvait qu'elle était assise dans une clairière, au milieu d'une forêt. Au-dessus de sa tête, le ciel était d'un bleu limpide, parsemé de petits nuages neigeux qui ressemblaient à autant de boules de coton. Il y avait des gens autour d'elle, des jeunes. Ils portaient des jeans taille basse à pattes d'éléphant, des T-shirts de couleurs vives, des vestes en daim avec des franges. Leurs cheveux étaient longs et séparés par une raie au milieu, ils avaient des bandeaux autour de la tête. Une jolie blonde aux grands yeux marron jouait avec son collier, composé de plusieurs rangées de minuscules perles en plastique. Un garçon aux cheveux noirs qui lui arrivaient à l'épaule grattait les cordes d'une magnifique guitare en bois rouge, et quelqu'un d'autre lançait un frisbee à un petit chien noir et blanc qui avait un bandana autour du cou. Sarah contemplait la bague qu'elle portait à l'annulaire. C'était une de ces bagues qui changent de couleur selon l'humeur de la personne qui la porte.

Et tandis que Sarah regardait la pierre, elle la vit devenir noire.

Elle se réveilla en sursaut et se redressa dans son lit. Son cœur battait la chamade. La chambre était plongée dans le noir, mais elle sentit immédiatement que quelque chose n'allait pas.

— Jodie ? chuchota-t-elle.

Pas de réponse.

— Jodie, appela-t-elle, plus fort.

Elle n'entendait d'autre bruit dans la pièce que les battements de son propre cœur. Que se passait-il ? Pourquoi Jodie ne répondait-elle pas ? Lentement, Sarah glissa à bas du lit et alla jusqu'à celui de son amie. Elle toucha les couvertures, dans le noir.

Jodie n'était plus là !

Où était-elle ? Pourquoi était-elle partie sans rien dire ? Il devait être aux alentours de quatre heures du matin. Où avait-elle pu aller à une heure pareille ? La porte du cabinet de toilette était fermée, mais Sarah vit un rai de lumière sur le seuil. Elle courut et frappa.

— Jodie ?

Toujours pas de réponse.

Elle ouvrit la porte. La salle de bains était vide. Elle s'apprêtait à refermer lorsqu'elle remarqua quelque chose sur la tablette, au-dessus du lavabo. Une bague... Sarah la prit, et soudain, un frisson lui glaça l'échine. C'était exactement la même bague que celle dont elle venait de rêver. Comment était-ce possible ?

A cet instant, elle entendit un léger grattement. Elle sortit précipitamment de la salle de bains. De l'autre côté de la chambre, la poignée de la porte tournait lentement.

9

Sarah voulut crier, mais le son s'étrangla dans sa gorge. La poignée continuait à tourner, et la porte s'entrouvrit. Le cœur de Sarah cognait tellement fort dans sa poitrine qu'elle crut qu'elle allait s'évanouir.

Quelqu'un passa sa tête dans la chambre.

C'était Jodie, dans le long T-shirt blanc qui lui tenait lieu de chemise de nuit. Une vague de soulagement envahit Sarah.

— Oh, tu es debout, dit Jodie, la bouche pleine, un paquet de chips à la main. Désolée, j'ai essayé de ne pas te réveiller.

Sentant soudain ses genoux se dérober, Sarah s'effondra sur le coin du lit de Jodie. Elle se demanda pourquoi elle s'était laissé envahir par la panique, quelques minutes plus tôt, au lieu d'envisager des hypothèses rationnelles quant à l'absence de son amie. Ce genre d'attitude ne lui correspondait pas du tout. Dans les situations de tension, elle gardait généralement son sang-froid.

— Où tu étais ? demanda-t-elle.

— Tu sais, comme on s'est perdus, avec toutes ces histoires, on a complètement oublié de dîner. Je me suis réveillée avec une fringale monstrueuse et je me suis rappelé le distributeur, dans le couloir.

Elle tendit le sachet à Sarah.

— Tu veux des chips ?

Sarah secoua la tête et remarqua avec étonnement :

— Tu es sortie dans le couloir dans cette tenue ?

Jodie sourit d'une oreille à l'autre.

— Le bonhomme a dit que l'hôtel n'était pas encore ouvert. Je me doutais bien que je ne risquais pas de croiser grand monde à cette heure-là.

Elle ne fit qu'une bouchée du reste du paquet, et le froissa.

— Ça devrait me permettre de tenir jusqu'au petit déjeuner.

Sarah était encore sous le coup de la terreur irraisonnée à laquelle elle avait succombé. Elle se rendit compte qu'elle continuait à serrer la bague entre ses doigts crispés. Elle ouvrit la main et montra le bijou à Jodie.

— C'est à toi ?

— Non.

— Tu en es sûre ?

— Mais oui, fit Jodie, surprise. Il me semble que je le saurais, si elle était à moi. Je te jure que je n'ai jamais vu cette bague.

Sarah contempla l'objet dans sa main.

— Je... Je l'ai trouvée sur l'étagère de la salle de bains.

— En tout cas, ce n'est pas moi qui l'ai laissée là, déclara Jodie en se glissant sous ses couvertures.

Que faisait cette bague dans leur salle de bains ? Comment avait-elle pu la voir en rêve dix minutes plus tôt ? Et ce rêve... Il lui avait paru tellement vivant, tellement réel... Et pourtant elle savait qu'elle n'avait jamais assisté ni participé à une scène comme celle-là. La peur lui noua l'estomac. Depuis la veille, elle s'était mise à reconnaître des noms, des lieux et des choses qui lui étaient totalement étrangers. Elle avait presque l'impression de vivre la vie de quelqu'un d'autre.

Finalement elle se recoucha. Elle tenait encore la bague entre ses mains. Ne sachant qu'en faire, elle la glissa à son annulaire. Elle lui allait parfaitement.

Sarah se réveilla vers neuf heures et demie. Malgré plusieurs heures de sommeil, elle était presque aussi fatiguée que la veille.

Jodie était assise dans un fauteuil devant la fenêtre, un épais roman sur les genoux.

— Tu es debout depuis longtemps ? demanda Sarah avec un bâillement.

— Non, je viens de me lever.

— Quel temps il fait ?

— Il pleut, encore et toujours, soupira Jodie.

— Les garçons sont réveillés ?

— Je ne suis pas allée voir.

Sarah resta encore quelques instants allongée. Il faisait chaud et douillet, sous les couvertures. Mais bientôt, à la perspective d'une nouvelle journée avec Adam, Jodie et Matt dans cette étrange auberge, ce sentiment de bien-être disparut. Elle se leva pour aller à la salle de bains, mais lorsqu'elle voulut tourner la poignée, celle-ci résista.

— Tu as fermé à clé ? demanda-t-elle.

Jodie leva le nez de son livre.

— Comment ?

— La porte de la salle de bains est fermée à clé.

— Ah ? Ce n'est pas moi, en tout cas.

Sarah essaya de forcer, mais la poignée ne bougea même pas.

— C'est peut-être simplement coincé ?

Elle tenta alors de tirer la porte vers elle, en vain.

— Qu'est-ce qu'on peut faire ?

— Attends, je vais voir, dit Jodie en venant la rejoindre.

Sous le regard médusé de Sarah, Jodie tourna la poignée de la porte, qui s'ouvrit immédiatement.

— Essaie de tourner d'abord la poignée, la prochaine fois, dit Jodie en retournant à son fauteuil.

Sarah contemplait la porte ouverte, stupéfaite. Elle n'était pas folle, tout de même, c'était bien fermé tout à l'heure... et pourtant Jodie avait ouvert sans rencontrer la moindre résistance. Tout cela était décidément de plus en plus bizarre.

Sarah resta longuement sous la douche chaude, qui peu à peu l'apaisa. Peut-être avait-elle simplement tourné la poignée dans le mauvais sens, après tout. Quoi qu'il en soit, elle décida qu'il était inutile de s'inquiéter.

Elle se lava les cheveux avec le berlingot de shampooing fourni par l'auberge, et lorsqu'elle sortit du cabinet de toilette, elle se sentait propre et délassée, dans un état d'esprit presque normal. Jodie avait enfilé un jean et un pull.

— Je parie que tu regrettes de ne pas avoir de sèche-cheveux, maintenant ! remarqua-t-elle en riant.

— Exactement, dit Sarah.

Son épaisse crinière rousse était une masse hirsute de boucles dégoulinantes.

— Bon, je vais voir les garçons pendant que tu t'habilles, déclara Jodie. A tout de suite.

Sarah la regarda sortir. Puis elle donna un tour de clé et, se rappelant ce qui était arrivé à la porte de la salle de bains, vérifia qu'on ne pouvait pas l'ouvrir.

Sarah s'habilla en prenant son temps, puis entreprit de démêler ses cheveux avec un peigne. Elle n'était pas pressée de rejoindre les autres. Elle terminait juste lorsqu'elle entendit un bruit à la porte. Elle se leva et regarda. Sous ses yeux ébahis, la porte s'ouvrit lentement. Comment était-ce possible ? Elle venait elle-même de fermer à clé !

Sarah retint son souffle un instant, avant d'appeler :

— Jodie ?

La porte s'immobilisa, entrouverte, mais il n'y eut pas de réponse. Sarah la contempla, la gorge nouée. S'était-elle ouverte toute seule ? Y avait-il quelqu'un derrière ? Le drôle de type aux cheveux gris. Si quelqu'un avait une clé, ce ne pouvait être que lui.

Quelque chose commença à apparaître dans l'entrebâillement. Comme les pointes de deux lances dressées. Puis elle reconnut les bois d'un cerf et recommença à respirer.

— C'est désopilant, Matt, dit-elle.

Il avait dû dégoter la clé de la chambre quelque part. La porte s'ouvrit plus grand. Un museau noir apparut.

— Bonzour, cère amie, fit une voix gutturale.

Une seconde plus tard, Matt entrait, souriant de toutes ses dents, une tête de cerf empaillée à la main.

— Tu as saisi ? demanda-t-il. Si on zozote, ça fait : bonzour, « cerf » amie.

Sarah leva les yeux au plafond.

— Telle que tu me vois, je suis morte de rire.

L'expression de Matt s'assombrit.

— Avant, ça te faisait rire, mes vannes, Sarah.

Elle poussa un soupir.

— Je suis désolée. Ce n'est peut-être simplement pas le lieu, ni le moment.

— Ou je ne suis peut-être simplement pas la bonne personne.

Sarah se raidit. Qu'avait-il voulu dire ? Elle s'apprêtait à lui poser la question lorsque Jodie apparut, suivie d'Adam. Tous deux semblaient embarrassés. Sarah se mit à trembler imperceptiblement. Adam avait-il raconté à Jodie ce qui s'était passé entre eux ?

— Le bonhomme aux cheveux longs est parti, déclara Adam en s'asseyant sur le bord du lit.

— Comment ça, parti ? demanda Sarah.

— Je me suis levé il y a une heure, j'ai fouillé toute l'auberge et je ne l'ai pas trouvé.

— Ni lui ni personne d'autre, ajouta Jodie.

— Vous croyez qu'il a appelé une dépanneuse ? interrogea Sarah.

— Va savoir, fit Matt en haussant les épaules.

— Et si on appelait, nous ?

— Tu as vu un téléphone quelque part ? demanda Adam.

Sarah promena son regard dans la chambre et s'aperçut qu'il n'y avait pas d'appareil.

— Ce doit être le genre d'endroit où les gens viennent pour se retrancher de tout, suggéra Matt. Comme le Club Med.

— Mais même au Club Med il y a le téléphone, objecta Jodie.

— J'en ai vu un, reprit Adam, mais il est dans le bureau de la réception, dans le hall, et la porte est fermée à clé.

Sarah s'apprêtait à demander ce qu'ils pouvaient faire maintenant, mais, manifestement, aucun d'entre eux n'avait de réponse. Ils étaient coincés à l'auberge de La Nouvelle Arcadie. Enfin, Adam parla pour eux tous :

— Je suppose qu'on n'a plus qu'à rester ici jusqu'à ce que le vieux type revienne, ou qu'une dépanneuse se pointe avec la voiture de Matt.

Matt se laissa tomber en travers du lit et croisa les mains derrière la tête.

— En tout cas je vais vous dire une bonne chose : quitte à me trouver coincé quelque part, personnellement, ça ne me dérange pas du tout que ce soit ici. Il y a une piscine, derrière, avec Jacuzzi, sauna, salle de musculation, court de squash et tout ce qu'il faut. Je crois que je n'aurais pas beaucoup de mal à m'habituer à ce genre de confort.

— A mon avis, remarqua Adam, il vaudrait mieux

ne pas abuser. Tout de même, le type a eu la gentillesse de nous laisser passer la nuit ici gratuitement.

— D'accord, soupira Matt.

Puis il fit une grimace comique.

— Mais au moins, si on s'ennuie, on saura comment s'occuper.

— Bon, dit Adam en se levant. Je retourne à la réception, peut-être qu'il est revenu.

Il se tourna vers les autres.

— Quelqu'un m'accompagne ?

Sarah se rendit compte qu'il la regardait. L'envie d'aller avec lui fut soudain irrésistible. Elle s'apprêta à dire qu'elle venait, mais elle se rappela soudain l'allusion de Matt, quelques minutes plus tôt, lorsqu'il lui avait dit qu'il n'était pas la bonne personne. Inutile d'éveiller ses soupçons.

— Je vais avec toi, dit Jodie.

— J'ai vu une télévision à écran géant dans la pièce qui est au bout du couloir, annonça Matt. A côté de la salle de jeux, avec des tas de vidéos. On n'a qu'à se retrouver là-bas.

C'était une bonne idée. Adam et Jodie partirent pour la réception, et Sarah regretta de ne pas être à la place de Jodie. Sans un mot pour elle, Matt se leva et se dirigea vers la porte.

— Hé, Matt ! appela-t-elle.

— Oui ? fit-il en s'arrêtant sur le seuil.

— Je peux avoir la clé ?

— Quelle clé ? demanda-t-il en fronçant les sourcils.

— Celle avec laquelle tu as ouvert la porte.

— Qu'est-ce que tu racontes ? Je n'ai pas eu besoin de clé, c'était ouvert.

Sarah le contempla fixement.

— Matt, j'ai fermé à clé moi-même.

— Peut-être, fit-il avec un haussement d'épaules irrité, mais c'était ouvert quand je suis arrivé.

Ça ne pouvait pas être possible ! Non seulement

elle l'avait fermée, mais elle avait même vérifié que la serrure fonctionnait bien.

— Matt, tu ne serais pas en train de me faire marcher ? Ce n'est pas encore une de tes blagues, au moins ?

— Ça non, déclara-t-il. Je n'ai plus l'intention de gaspiller mes blagues pour toi.

Sarah secoua la tête, consternée.

— Oh, Matt, pourquoi tu es comme ça ?

— Dis donc, je te trouve plutôt mal placée pour me faire la leçon, répliqua-t-il.

Et il s'en alla.

10

Ils passèrent le reste de la matinée à regarder la télévision en mangeant les gâteaux secs et les sucreries emportés par Jodie. Matt aurait voulu jouer aux consoles vidéo, mais les machines n'étaient pas branchées. Adam et Jodie étaient revenus de la réception sans avoir aperçu l'homme aux cheveux gris.

Assise sur un canapé au fond de la pièce, Jodie était plongée dans *David Copperfield*. Sarah s'ennuyait ; avec Matt, elle se sentait mal à l'aise. Visiblement, il était furieux contre elle. De son côté, elle était tendue et anxieuse à l'idée de se trouver dans cet hôtel, sans personne, avec toutes ces choses bizarres qui se produisaient. Mais tant que les autres regardaient la télévision ou lisaient, elle se contenta de laisser passer le temps.

Enfin, au beau milieu d'un feuilleton, Adam se leva.

— C'est absurde ! s'exclama-t-il.

— Quoi donc ? interrogea Matt.

— De rester là à regarder la télé en attendant que

ce type revienne. Au moins, allons voir si quelqu'un a dégagé la voiture.

— Si c'était le cas, ils l'auraient rapportée ici, remarqua Jodie.

— Qu'est-ce que tu en sais ?

— Hé, rassieds-toi, fit Matt. A quoi ça sert de s'angoisser ? On a tous les loisirs qu'il nous faut, de quoi grignoter... C'est le paradis.

— Pour toi, peut-être. Mais on était censés aller pêcher au cabanon de mon oncle, pas rester enfermés dans une auberge de luxe.

— Etant donné qu'il continue à faire un temps de chien, en ce qui me concerne, je me trouve très bien ici, répliqua Matt.

— Bon, eh bien, moi je vais jeter un coup d'œil à la voiture, déclara Adam. Quelqu'un veut venir avec moi ?

Cette fois encore, c'était Sarah qu'il regardait, et elle ressentit ce même désir impérieux d'être seule avec lui. Peut-être était-ce possible, cette fois ? Matt était tellement accaparé par la télévision que son absence lui serait probablement égale. Quant à Jodie, elle semblait réellement absorbée par son roman. Sarah s'apprêtait à répondre quand Jodie referma son livre.

— Je commence à avoir les yeux qui fatiguent, dit-elle en se levant. Je ferais bien une petite pause.

Pendant un instant interminable, les regards d'Adam et de Sarah se croisèrent. Il voulait que je vienne, se dit-elle. Mais c'était trop tard. Adam et Jodie quittèrent la pièce.

Soudain, Sarah sentit la colère monter en elle. Pourquoi était-ce toujours Jodie qui se retrouvait avec Adam, et jamais elle ?

— Ne vous perdez pas ! leur cria Matt.

Deux heures s'écoulèrent encore. Sarah regarda d'autres feuilletons en tournant distraitement la bague autour de son doigt. Elle ne pouvait s'empêcher de penser à Jodie et à Adam, partis tous les deux en tête à tête. Soudain, elle baissa les yeux vers la bague. La pierre était verte... la couleur de la jalousie. Sarah était *jalouse* de Jodie. Alors qu'elle n'en avait aucun droit. Jodie était la petite amie d'Adam, après tout.

Cette chose abominable à son doigt la dégoûta subitement. Elle essaya de l'ôter, mais la bague resta bloquée à l'articulation. Sarah s'étonna. La nuit précédente, l'anneau était passé sans aucune difficulté, sans qu'elle ait à forcer, presque comme s'il avait été fait sur mesure. Et maintenant, elle avait beau s'acharner, impossible de retirer la bague de son annulaire.

Elle songea à demander à Matt de l'aider, mais changea d'avis: comment lui aurait-elle expliqué d'où venait le bijou? Et puis, la façon dont Matt était vautré devant le poste de télévision lui rappelait son père. Elle attendit qu'il dise quelque chose, mais il se contentait de regarder l'écran et de l'ignorer. Compte tenu de la situation, Sarah aurait pu ne pas s'en offusquer. Mais là, d'autres soucis commençaient à la ronger.

— Je suis un peu inquiète pour Jodie et Adam, dit-elle enfin. Ils devraient être revenus.

— Ne t'affole pas, ils reviendront, fit Matt d'une voix coupante.

— Il va bientôt faire nuit.

— Pas avant un bon moment. Je suis sûr qu'ils seront rentrés d'ici au coucher du soleil.

Une demi-heure plus tard, ils n'étaient toujours pas là. En regardant par la fenêtre, Sarah vit que la pluie avait diminué. Seul un léger brouillard auréolait les arbres nus. Elle remua dans son fauteuil. Si elle restait cinq minutes de plus confinée dans ce salon, elle allait devenir hystérique.

— Je m'inquiète vraiment pour eux, Matt, déclara-t-elle. Ils se sont peut-être perdus. Je crois qu'on devrait aller voir.

— Vas-y si tu veux, répondit-il avec indifférence.

— Tu ne viens pas ?

— Pour quoi faire ? Tu sais bien qu'ils reviendront tôt ou tard. Ils n'ont nulle part où aller, de toute façon.

Matt avait sans doute raison, mais Sarah ne comprenait pas pourquoi il se montrait aussi froid, aussi distant. Elle n'osait pas le lui demander, craignant sa réponse. Mais tout de même, Jodie et Adam étaient partis depuis une éternité. Sans être vraiment alarmée à leur sujet, elle se rendit compte soudain qu'elle ne pouvait supporter l'idée de les savoir seuls ensemble depuis si longtemps.

— Je vais à leur rencontre, annonça-t-elle.

— Amuse-toi bien, dit Matt sans lever les yeux de la télévision.

Adam contempla le bas-côté de la route boueuse et respira une grande bouffée d'air humide.

— Elle est forcément ici.

— Adam, c'est la troisième fois qu'on passe par là, soupira Jodie. On est retournés jusqu'à la route bitumée. Elle n'est plus là, c'est tout.

— Je ne comprends pas, insista Adam. Si quelqu'un est venu dégager la voiture, il est censé nous la rapporter à l'hôtel.

— Peut-être qu'ils n'ont pas bien compris le message. Ou qu'il y avait quelque chose de cassé. Ils l'ont peut-être remorquée jusqu'au garage pour la faire réparer.

Adam secoua la tête, écœuré.

— Fabuleux. Avec ça, on n'a plus aucune chance d'aller chez mon oncle, maintenant.

Jodie frissonna sous les nappes de brume. Elle mourait d'envie de retourner dans cette auberge accueillante et bien chauffée. S'ils étaient arrivés jusqu'au cabanon de l'oncle d'Adam, à l'heure qu'il était ils seraient probablement en train de se blottir autour d'un vieux fourneau en fonte pour ne pas mourir de froid. Elle commençait à se dire que Matt avait raison. Peut-être qu'ils avaient eu de la chance, de se retrouver coincés à La Nouvelle Arcadie.

— Allez, viens, dit-elle en lui prenant la main. Rentrons. Le brouillard s'épaissit et la nuit ne va pas tarder à tomber. Je ne tiens pas particulièrement à me perdre dans ce sous-bois, figure-toi.

Ils se remirent en route. Devant eux, des halos de brume traversaient la route et disparaissaient en s'effilochant au milieu des arbres.

— Tu ne trouves pas ça bizarre ? demanda Adam. On est passés deux fois sur cette route, et on n'a jamais vu une seule créature vivante. Pas même un cerf, ni un raton laveur, ni même un oiseau.

— Peut-être qu'ils restent tous à l'abri, aujourd'hui.

Adam eut un petit sourire narquois. Il devinait aisément ce que Jodie avait derrière la tête. Elle n'avait aucune envie qu'ils retrouvent le cabanon, la seule chose qu'elle désirait, c'était retourner dans cette auberge. Tout en contournant les flaques d'eau, Adam jeta un coup d'œil dans les bois, sur sa gauche. Il s'arrêta subitement.

— Qu'est-ce qu'il y a ? demanda Jodie.

Il cligna des yeux, puis se frotta les paupières.

— Rien.

— Tu as vu quelque chose ?

Adam hocha la tête.

— J'ai cru que oui, pendant un instant.

— Peut-être qu'il y a des êtres vivants, finalement, par ici, dit Jodie en regardant autour d'elle.

Ils se remirent en route. Au bout de quelques mètres, Adam s'arrêta de nouveau, certain cette fois d'avoir aperçu quelque chose de rouge à travers les arbres. Mais lorsqu'il regarda mieux, la tache avait disparu.

— Tu as cru le voir encore ?

— Oui. C'était rouge. Comme un cardinal. Sauf

que je suis quasiment sûr que ce n'était pas un cardinal.

Ils repartirent, et bientôt, entre les troncs d'arbres bruns et humides, Adam aperçut un nouvel éclair de couleur rouge. Ce n'étaient pas des plumes. On aurait dit des cheveux roux et frisés. Comme ceux de Sarah...

— Regarde, chuchota-t-il en attrapant le bras de Jodie pour l'immobiliser.

Il pressa un doigt sur ses lèvres, puis lui désigna un endroit, entre deux arbres, là où il avait vu la note de couleur. Un moment plus tard, elle réapparut ailleurs.

— Par ici ! chuchota-t-il en pointant l'index dans une autre direction.

Jodie plissa les yeux et suivit son regard.

— Je n'ai rien vu.

— Là !

— Où ça ?

L'éclair disparut de nouveau, puis réapparut. C'était invraisemblable.

— Là !

— Je ne vois toujours rien.

— Ça se déplace parallèlement à nous. Au milieu des bois. J'en entr'aperçois un bout de temps en t...

— Ça y est ! s'écria Jodie. Je l'ai vu ! On aurait dit des cheveux roux.

Ils ne connaissaient qu'une personne dont les cheveux étaient de cette couleur flamboyante.

— Sarah ! cria Adam.

— Tu crois qu'elle a décidé d'aller courir dans les bois ? Elle a dit qu'elle avait l'habitude de faire ça.

— Sans doute.

Adam plaça ses mains en porte-voix.

— Hé ! Sarah !

Ils aperçurent de nouveau l'éclat roux à travers le rideau d'arbres.

— *Sarah !* appela Adam, plus fort.

— Elle t'entend forcément, s'étonna Jodie. Comment se fait-il qu'elle ne réponde pas ?

— Je n'en sais rien, répondit Adam en s'écartant du chemin. Mais j'ai bien l'intention de découvrir pourquoi !

11

Son subit accès de jalousie envers Jodie était absurde, Sarah le savait bien, mais c'était plus fort qu'elle. Elle ne pouvait le maîtriser. Peut-être parce qu'Adam lui-même semblait désirer sa compagnie à elle, et non celle de Jodie. Elle le savait, elle l'avait vu dans ses yeux. Et puis, il y avait autre chose qui la rendait folle : l'étrange sensation d'être déjà venue auparavant. De connaître cet endroit. Et pourtant, elle était certaine de ne jamais avoir mis les pieds ici. Si, par extraordinaire, ses parents l'emmenaient quelque part, c'était dans des grandes villes, où ils se rendaient pour des congrès et des réunions d'affaires.

Dehors, l'air était chargé d'une humidité glaciale qui la fit frissonner sous son blouson et son sweat-shirt. Au bout de l'allée pavée, lorsqu'elle atteignit le panneau accueillant les arrivants à La Nouvelle Arcadie, elle se retourna et contempla la bâtisse. Elle était à moitié cachée par des nappes de brouillard de plus en plus épaisses mais, oui, Sarah était maintenant convaincue de l'avoir déjà vue.

Mais comment ? Et où ?

Dans un magazine, peut-être.

Cela n'expliquait cependant pas comment elle avait connu le nom *Arcadie*, la veille, avant même qu'Adam ne retrouve la vieille pancarte. Ni pourquoi la flèche clouée à l'arbre lui paraissait si familière.

Pendant plusieurs minutes, Sarah resta là, à côté du panneau. Elle avait eu l'intention de remonter le chemin de terre pour retrouver Jodie et Adam, mais soudain, une pensée insolite s'imposa à son esprit : *Va courir dans les bois*.

Sarah fit une grimace. Courir dans les bois ? Maintenant ? Quelle drôle d'idée ! Elle n'était sortie que pour aller au devant d'Adam et de Jodie. Pourtant, un besoin impérieux la galvanisait, aussi puissant que celui qui l'avait poussée à embrasser Adam, dans la voiture.

Bah, après tout, pourquoi ne pas courir un peu ? Faire quelques tours de l'auberge. Quand elle rentrerait, si Jodie et Adam n'étaient pas revenus, il serait toujours temps de partir à leur rencontre. En attendant, l'exercice lui ferait peut-être du bien.

Sarah s'écarta de l'allée et commença à courir à travers les broussailles, parmi les arbres. Elle dut bientôt ralentir, les taillis étaient trop denses, devant elle. Ce n'était peut-être pas une si bonne initiative, finalement. Mais presque malgré elle, Sarah accéléra de nouveau l'allure en obliquant sur la gauche. Pourquoi diable ? Comme en réponse à sa question, un petit sentier apparut, de l'autre côté d'un épais fourré. Au milieu de la végétation, il était parfaitement dégagé. Comment avait-elle deviné son existence ? Elle n'avait pas pu le voir et, pourtant, elle avait couru droit vers lui, comme si elle savait depuis toujours qu'il était là.

Sarah se remit à courir, à la fois terrifiée et déterminée à essayer de comprendre ce qui pouvait bien lui arriver. Il y avait eu trop de coïncidences. Elle savait trop de choses qu'elle *ne pouvait pas* rationnellement savoir.

Elle se sentait mue par une force mystérieuse. Or cette même force lui assurait qu'elle n'avait rien à craindre.

La piste se mit à longer un petit ruisseau qui coulait sur des cailloux verdâtres. Bientôt, il s'élargit, et Sarah tomba sur un véritable bassin : quelqu'un avait édifié un barrage avec des pierres. Le plan d'eau faisait une dizaine de mètres de large, et le fond en était garni de sable et de galets. Sarah ralentit et chercha le rocher qui servait de plongeoir, un grand rocher gris et plat duquel on pouvait sauter.

Une seconde !

Comment pouvait-elle connaître l'existence de ce rocher ?

Elle n'en avait aucune idée... et pourtant il était là, sous ses yeux, de l'autre côté du bassin.

Sarah le contempla, puis regarda le sol sablonneux, au fond de l'eau claire. Tout en écoutant le ruissellement de l'eau sur les cailloux, elle crut entendre au loin des rires et des cris, quelqu'un qui grattait une guitare en fredonnant une chanson. A la surface du bassin, le ciel qui se reflétait était bleu et parsemé de petits nuages floconneux. Puis il y eut un garçon, torse nu, un collier de petites perles autour du cou. Ses longs cheveux blonds retombaient sur son front.

Doug...

Un flot subit d'émotions la submergea. Amour, jalousie, désir...

Doug... Je t'aime.

Sarah cligna des paupières. Le reflet s'évanouit. Quand elle leva les yeux, le ciel était de plomb. C'était vraiment trop fou... Elle secoua la tête. Doug avait disparu. Mais qui était ce Doug, et pourquoi avait-elle éprouvé des sentiments aussi bouleversants à son égard ? Au fait... N'étaient-ce pas les mêmes qu'elle ressentait envers Adam ? C'était peut-être cela. Sarah étouffa un bâillement. Et si elle était tout simplement épuisée ? Elle avait du sommeil en retard, et, de toute évidence, cela jouait des tours à son imagination.

Sarah n'avait plus envie de courir. Elle décida de retourner à l'auberge. Un peu plus loin, le chemin se séparait en deux branches ; l'une semblait aller en direction de la route, l'autre plutôt vers l'auberge ; Sarah prit le deuxième sentier et accéléra le pas. Elle voulait voir si Jodie et Adam étaient rentrés, maintenant.

Soudain, elle déboucha sur une clairière. L'herbe était couchée à force d'avoir été piétinée. Sarah s'arrêta et regarda autour d'elle, pétrifiée. Se pouvait-il que ce soit la même clairière ? Celle dont elle avait rêvé ? Où ils jouaient de la guitare et lançaient des frisbees aux chiens ?

Comment avait-elle pu connaître tout cela ? L'Arcadie, le plongeoir du plan d'eau, cette clairière ? C'était incompréhensible. A moins qu'elle n'ait vécu une autre vie, antérieure à celle-ci, dont elle ignorait tout...

A cet instant, elle remarqua un objet coloré qui se détachait sur l'herbe. Elle se pencha et ses doigts se refermèrent sur un collier de perles en plastique, minuscules et multicolores.

Exactement les mêmes que celles de la fille blonde dans son rêve. Mais là, Sarah ne rêvait pas. Comme la bague, le collier était parfaitement réel, au creux de sa main.

Décidément, elle allait y perdre la raison. Elle fit demi-tour et se mit à courir en sens inverse sur le sentier, à travers bois. Tout cela lui semblait à la fois étrange et familier. Elle n'avait jamais mis les pieds à La Nouvelle Arcadie. Elle n'était jamais venue ici. Et pourtant... pourtant...

Soudain, deux bras la ceinturèrent par-derrière. Quelqu'un avait surgi dans son dos, surgi des bois... surgi de nulle part.

12

— Au secours ! hurla Sarah en se contorsionnant.

— Sarah, c'est moi ! Arrête !

Elle connaissait cette voix. Sarah cessa de gesticuler et se retourna. Adam !

Elle était là, dans ses bras, le cœur affolé, le regard noyé dans ses yeux bleus et intenses. Ils avaient tous deux le souffle court. *Amour... jalousie... désir...* Sarah éprouvait des émotions beaucoup plus vives que celles qu'elle avait connues avec Matt — ou avec d'autres. Elle aurait voulu le serrer fort contre elle et ne jamais le laisser partir. Presque malgré elle, ses bras se levèrent. Elle savait qu'elle allait les passer autour de son cou. Elle voulait sentir ses lèvres contre les siennes. Il le fallait, elle avait besoin de ce contact !

— Tu l'as trouvée ?

C'était Jodie, qui appelait de quelque part derrière, dans les bois.

Adam lâcha Sarah, et ils reculèrent tous deux sans cesser de se regarder, encore hors d'haleine. Une seconde plus tard, Jodie apparaissait.

— Oui, elle est là, répondit Adam avant de se tourner de nouveau vers Sarah. Qu'est-ce qui se passe ?

— Je... Je ne sais pas.

— J'ai dû t'appeler cinquante fois, dit Adam en reprenant lentement son souffle. Pourquoi tu ne m'as pas répondu ?

— Tu te sens bien ? demanda Jodie, l'air inquiet.

— Je crois, oui.

Sarah se sentit soudain horriblement coupable. Incapable de soutenir le regard de Jodie, elle se tourna vers Adam.

— Je ne t'ai pas entendu m'appeler.

— On t'a cavalé après pendant au moins dix

minutes en nous époumonant, et toi tu continuais à courir.

— Dix minutes? s'étonna Sarah. Mais qu'est-ce que tu racontes? Je viens tout juste de me remettre au pas de course. Je n'ai pas pu aller bien loin!

Jodie et Adam échangèrent un regard. Au moment où elle prononçait ces paroles, Sarah sentit ses mollets commencer à se raidir. C'était étrange. Généralement, cela ne se produisait que lorsqu'elle avait couru déjà pendant un bon moment. Pourquoi ressentait-elle cette contracture musculaire maintenant, après seulement quelques minutes de course?

Jodie la regarda de nouveau.

— Tu es sûre que tu vas bien?

Elle semblait réellement soucieuse.

— Oui, je crois.

Malgré cette sensation dans ses jambes, elle était certaine de n'avoir pas couru longtemps.

— Vous avez dû suivre quelqu'un d'autre.

Adam tendit la main et glissa ses doigts dans ses cheveux. Sarah ressentit un pincement au cœur lorsqu'il lui effleura l'oreille.

— Avec des cheveux comme les tiens?

— Tu as bien dû nous entendre, tout de même, ajouta Jodie. On était tout près.

— Je vous jure que non.

Elle remarqua alors qu'Adam regardait sa main.

— Qu'est-ce que c'est? demanda-t-il.

— Oh, des perles, dit-elle en leur montrant le collier. J'ai trouvé ça dans une clairière, là.

Jodie prit le collier et le regarda de plus près.

— Tu sais ce que c'est? Des perles d'amoureux.

— Mais de quoi tu parles, Jodie? demanda Adam.

Jodie passa le collier autour de son cou.

— Tout le monde portait ça dans les années 60. Je le sais parce que ma mère a gardé tous ses bijoux.

Adam lui fit une petite courbette moqueuse.

— Merci, Jodie, nous te sommes très reconnaissants d'avoir partagé ta science avec nous.

Puis il se tourna de nouveau vers Sarah.

— Je ne comprends toujours pas pourquoi tu continuais à courir comme une dératée sans nous répondre.

— Je te jure que je n'ai couru qu'une minute, dit Sarah. Même pas. Et que je ne vous ai absolument pas entendus appeler.

Adam poussa un soupir et secoua la tête. C'était absurde, mais manifestement, cela ne servirait à rien de discuter davantage.

— Enfin, qu'est-ce que tu faisais par ici, à propos ?

— J'étais venue à votre rencontre. Vous êtes partis tellement longtemps.

— C'est parce qu'on n'a pas retrouvé la voiture, expliqua Adam. On a cherché partout. Quelqu'un a dû venir la tirer du fossé.

— La seule explication plausible, ajouta Jodie, c'est qu'elle était en panne et qu'ils l'ont emmenée au garage pour la réparer.

Sarah hocha la tête. En ce qui la concernait, elle renonçait à essayer de comprendre. Une seule chose pour elle était certaine : plus que jamais, elle mourait d'envie d'être avec Adam et de sentir encore ses lèvres contre les siennes.

— Bon, rentrons à l'hôtel, décida Adam. Peut-être que notre bonhomme aux cheveux gris sera revenu et pourra nous expliquer tout ça.

Il faisait presque nuit lorsqu'ils regagnèrent La Nouvelle Arcadie. Ils trouvèrent Matt dans le salon, toujours avachi devant la télévision. Il se redressa en les voyant arriver.

— Vous avez retrouvé la voiture ?

— Quelqu'un l'a retrouvée, oui.

— Comment ça ?

Quand Adam lui raconta que l'Isuzu avait disparu, Matt se rembrunit.

— Holà, j'espère qu'on ne l'a pas volée. Mes parents vont m'assassiner.

— Le type aux cheveux gris est revenu ?

— Non, je ne l'ai pas vu.

— Tu l'as cherché ? demanda Jodie.

— Pas vraiment, en fait, reconnut Matt.

— Alors il est peut-être quelque part dans l'auberge, ou à la piscine, suggéra Jodie.

— Peut-être, oui.

— Bon, dit-elle. Il serait temps qu'on remette la main sur lui et qu'on sache ce qu'est devenue ta voiture. Si on faisait des équipes ? Adam et moi, on va chercher du côté de la piscine. Et vous, dans l'auberge.

Matt se leva.

— O.K. De toute façon, je commençais à en avoir assez de croupir devant la télé.

Matt et Sarah entreprirent de fouiller l'auberge. Une nouvelle fois, la jalousie dévorait Sarah, mais elle s'efforça de ravaler son dépit. Elle devait accepter le fait qu'elle était avec Matt, et qu'Adam était avec Jodie. Et puis, elle mourait d'envie de raconter son rêve à quelqu'un, de parler du plongeoir, du collier, de toutes ces choses étranges qui lui semblaient si familières. Depuis le début de leur expédition, Matt s'était montré curieusement distant et froid avec elle, mais il était tout de même la personne qui lui était le plus proche. Pendant qu'ils retournaient vers le hall d'entrée, elle décida de tenter sa chance.

— Matt...

— Oui ?

— Ça va ?

— Ça irait mieux si je savais où est ma caisse.

— Je comprends, tu dois être vraiment embêté.

— Sauf que Jodie a probablement raison, soupira-t-il. Ils ont dû la remorquer dans un garage quelconque. Il y a tout de même eu un sacré choc, hier soir. Je ne serais pas étonné que quelque chose ait sérieusement morflé, à l'avant.

— Tu es encore furieux contre moi à cause de ça ? demanda Sarah.

— Pour la voiture ?

Matt s'arrêta et la regarda.

— Pour tout t'avouer, je ne sais pas trop. Je veux dire, j'aurais préféré que tu nous épargnes cette embardée, mais je sais aussi que tu n'aurais jamais fait un truc pareil sciemment.

Il ne semblait plus si fâché, maintenant.

— Je n'arrive toujours pas à croire qu'aucun de vous n'a vu ce bus.

Matt sourit avec amertume.

— Et moi je n'arrive pas à croire que toi tu l'as vu. Allez, viens, allons chercher ce type.

Il s'apprêtait à repartir, mais elle lui saisit le bras.

— Qu'est-ce qu'il y a, Sarah ? fit-il en fronçant les sourcils.

— Matt, il faut que je te dise quelque chose. Il n'y a pas que le bus. Il s'est produit des dizaines de phénomènes bizarres. Tu te souviens, hier soir, quand on est arrivés à ce croisement et que j'ai dit « Arcadie » alors qu'Adam n'avait pas encore ramassé la pancarte ?

— Et alors ?

— Eh bien, je n'avais jamais entendu ce mot auparavant, dit Sarah.

— Tu as peut-être aperçu le panneau avant qu'Adam ne le brandisse.

— Je ne crois pas. Et la nuit dernière, j'ai rêvé d'une clairière au milieu des bois, avec des hippies assis en rond, qui avaient des bagues et des colliers de perles. Regarde.

Elle lui montra la bague à son doigt.

— Où tu l'as trouvée ?

— Dans la salle de bains de notre chambre.

— Eh bien, voilà, ceci explique cela, comme dirait l'autre, fit-il avec un haussement d'épaules.

— Ça n'explique pas pourquoi j'en ai rêvé avant de la trouver, ni comment elle a atterri dans la salle de bains alors qu'elle n'y était pas hier soir. Dans mon rêve, j'ai aussi vu la clairière et des colliers de perles, et comme par hasard, quand je suis sortie tout à l'heure, je me suis retrouvée exactement dans la même clairière, et j'y ai ramassé ce collier.

— Simple coïncidence, non ?

— Matt, non. C'est impossible. Il faut que tu me croies. Partout où je pose les yeux, je vois des choses qui me sont familières. Et pourtant je suis certaine de n'être jamais venue ici.

Matt se gratta le sommet du crâne.

— Bon, alors à ton avis, qu'est-ce que ça signifie ?

— Si seulement je le savais, Matt. Je commence à me sentir vraiment mal.

Elle bâilla pour la deuxième fois.

— Cette auberge, tu as aussi l'impression de la connaître ? demanda Matt.

— Oui, de l'extérieur.

— Et dedans ?

Sarah réfléchit un instant. Même l'intérieur lui semblait familier, bien qu'elle ne se rappelât pas les couleurs des murs ou des moquettes.

— Un peu.

— Bon, je sais ce qu'on va faire, déclara Matt en lui prenant la main. Ferme les yeux. Maintenant, je vais t'emmener quelque part, et tu vas essayer d'imaginer à quoi ça ressemble.

— D'accord.

Sarah garda les yeux fermés tandis que Matt la conduisait le long du couloir en lui tenant la main. Il s'arrêta.

— Tu es dans le hall d'entrée, Sarah. Dis-moi quelle est la chose la plus frappante qui te vient à l'esprit au sujet de cet endroit.

— Euh, il y a une grande cheminée en pierre dans le coin.

— Ça ne compte pas, tu l'as probablement remarquée hier soir. Quoi d'autre ?

Elle essaya de se concentrer. Soudain, un haut plafond en vitraux s'imposa à son esprit. C'était une vision tellement vivace et réelle que Sarah fut certaine de ne pas l'inventer.

— Le plafond, dit-elle. Il est tout en vitraux.

— Ouvre les yeux, dit Matt.

Elle obéit et regarda en l'air. Le plafond était composé de larges carreaux de liège peints en blanc.

— Tu vois ? Je suppose que si on imagine assez de trucs, on finit forcément par en trouver des vrais. Mais finalement, cet endroit ne t'est pas si familier.

Confuse, Sarah était aussi soulagée. Il avait peut-être raison, après tout. Elle hocha la tête et étouffa un nouveau bâillement.

— Dis, tu as l'air drôlement fatiguée, remarqua Matt. Tu devrais peut-être aller te reposer un peu dans ta chambre.

Sarah hésita. L'idée de rester toute seule la plongeait dans l'angoisse. Enfin, elle n'aurait qu'à s'enfermer dans sa chambre.

— Tu as raison. Mais je serais franchement plus rassurée si tu me rendais la clé. Enfin, ce n'est pas que je ne te fais pas confiance, Matt, mais...

— Quelle clé, Sarah ?

— La clé de ma chambre. Je sais que tu l'as, puisque tu as ouvert alors que c'était fermé à double tour, ce matin.

— Je t'ai déjà dit que la porte était ouverte. Je te jure que je n'ai pas de clé.

Sarah le contempla fixement. Est-ce qu'il mentait ? Elle était sûre et certaine d'avoir fermé à clé. Elle se rappelait que la poignée ne tournait même pas.

— Matt, je parle sérieusement, s'il te plaît, donne-moi la clé.

Soudain, l'expression de Matt changea. Elle vit qu'elle l'avait à nouveau énervé.

— Tu ne me crois pas, hein ? Vraiment, Sarah, ta confiance me va droit au cœur, fit-il avec sarcasme.

La bouche de Sarah s'ouvrit, mais aucun son n'en sortit. Matt tourna les talons et s'éloigna.

13

C'était l'été. L'herbe était drue et verte, les branches des arbres feuillues, et pas un nuage ne venait troubler le bleu azuré du ciel. Sarah se promenait à travers bois. Sous ses pieds nus, elle sentait la terre douce et fraîche du chemin, un caillou pointu ou une brindille, occasionnellement. La piste se mettait à longer un petit ruisseau, et elle regardait l'eau couler sous les rochers. La surface brillait sous l'éclat du soleil.

Le ruisseau se terminait sur un bassin aménagé grâce à un barrage. Devant elle, un garçon en gilet de daim et jean délavé coupé aux genoux était assis sur le rocher qui tenait lieu de plongeoir. Il grattait les cordes d'une guitare rouge. Ses longs cheveux noirs retombaient sur ses larges épaules musclées.

Mike...

Il chantait en battant la mesure, les yeux fermés. Il ne l'entendit pas s'approcher doucement par-derrière. Elle sentit entre ses doigts quelque chose de lisse et d'allongé. En baissant les yeux, elle vit qu'elle tenait le manche vert d'un long couteau militaire, dont la lame en acier captait les rayons du soleil. Lorsqu'elle fut tout près de lui, elle cacha l'instrument dans son dos. Mike dut l'entendre, car il cessa soudain de jouer et se retourna.

— Salut, dit-il en souriant.

Ses dents éclatantes paraissaient presque trop

grandes, elles contrastaient avec la finesse de ses traits.

— Salut, Mike, s'entendit-elle répondre.

— Tu viens piquer une tête ?

— Peut-être. A moins que je ne me contente de rester là à t'écouter jouer.

— C'est vrai ? demanda-t-il, presque surpris.

— Bien sûr, répondit-elle en serrant fort le manche dans son dos. Continue, j'adore la musique.

— Bon, d'accord.

Mike lui adressa un sourire radieux, puis il referma les yeux et se remit à jouer.

Sans prévenir, elle brandit l'arme et regarda son ombre menaçante se projeter contre le gilet marron de Mike...

— Aaaah !

Sarah se réveilla en poussant un hurlement. Son cœur battait à tout rompre, elle avait le front humide de sueur.

Calme-toi, se dit-elle. Ce n'était qu'un rêve.

Mais jamais elle ne faisait de rêves aussi vivaces, aussi vrais. Elle glissa à bas du lit. Elle s'était seulement allongée pour faire une petite sieste, et était restée habillée. Elle se baissa pour enfiler ses chaussures de marche.

Il était grand temps de trouver quelqu'un qui pourrait éclaircir tous ces mystères.

L'homme aux cheveux gris semblait s'être volatilisé, et Matt décida d'aller rejoindre Adam et Jodie à la piscine. Contrairement à l'auberge, dont la restauration respectait l'ancienne architecture des lieux, l'aire de la piscine était résolument moderne. Constituée essentiellement de verre et d'acier, elle devait couvrir près d'un demi-hectare.

Matt ouvrit deux portes métalliques et emprunta un couloir bien éclairé. La moquette gris souris sentait le neuf et la peinture blanc cassé des murs était toute fraîche. Au bout d'un moment, une nouvelle odeur pénétra dans ses narines : celle du chlore. Il s'arrêta devant une porte en inox sur laquelle était inscrit « Piscine », et regarda à l'intérieur à travers un petit hublot rond.

Il avait déjà aperçu la piscine ce matin-là, quand Adam et lui avaient exploré l'auberge. Matt avait été particulièrement intéressé par le bain bouillonnant, mais Adam n'avait pas voulu s'arrêter, soucieux avant tout de retrouver le bonhomme qui les avait accueillis. Matt se réjouit de cette occasion de mieux découvrir l'endroit. S'il y avait une chose au monde qu'il adorait, c'était s'allonger dans un bain brûlant et macérer dedans jusqu'à ce que le bout de ses doigts soit tout fripé.

Le Jacuzzi était enfermé dans une zone vitrée séparée, et lorsque Matt franchit la porte en verre, il fut immédiatement déçu. L'air n'était ni chaud ni imprégné de vapeur, ce qui signifiait que l'eau n'était pas chauffée. Tout le reste, cependant, était parfait. Le bassin était joli et grand, et il semblait profond, ce qui était agréable pour s'immerger intégralement.

C'est alors qu'il remarqua une large armoire métallique, au mur, sur laquelle était inscrit « Commandes ». Il l'ouvrit. A l'intérieur, il y avait un commutateur marche/arrêt, ainsi que deux boutons. Le premier disait « Température », l'autre « Pression ».

Un sourire se dessina sur les lèvres de Matt.

Oserait-il ?

Hé, après tout, pourquoi pas ?

Il enclencha l'interrupteur et, dans le bassin, l'eau se mit à gargouiller et à bouillonner. Puis il régla la pression et tourna le thermostat sur 38° C. Super, ça allait vraiment gazer, là-dedans !

En attendant que l'eau chauffe, Matt franchit une autre porte en inox indiquant « Vestiaires Hommes ».

A l'intérieur, il trouva une pile de serviettes blanches moelleuses, ainsi qu'un petit tube de shampooing. On n'était sûrement pas censé mettre de produits dans le bain bouillonnant, mais ses cheveux étaient salis et collés par la pluie de la veille, et après tout ce n'était pas un rapide shampooing qui allait obstruer les filtres ou endommager le mécanisme.

Dans la pièce du Jacuzzi, l'air était devenu chaud et humide. Les parois vitrées qui la séparaient de la piscine étaient couvertes de buée. Matt se déshabilla, et, une fois en caleçon, plongea un orteil dans l'eau. Il le retira vivement. Hou là là ! c'était déjà brûlant ! Le réseau hydraulique devait être branché sur une sacrée centrale de chauffage. Mais justement, un bon bain brûlant, il adorait ça.

Matt s'assit au bord du bassin et, très lentement, il glissa un pied dans l'eau. Il s'apprêtait à enfoncer le deuxième lorsqu'il leva les yeux et remarqua une silhouette qui passait devant les vitres couvertes de buée. D'après sa taille et la couleur de ses cheveux, cela ne pouvait être que Sarah.

Pendant quelques secondes, il hésita à l'appeler. Puis il se décida, enveloppa rapidement une serviette autour de sa taille, mais lorsqu'il ouvrit la porte vitrée et regarda du côté de la piscine, elle avait disparu.

— Sarah ? cria-t-il. Hé, Sarah !

Personne ne répondit. Matt laissa la porte se refermer. C'était tout de même curieux. Elle avait bien dû remarquer la vitre embuée, et comprendre qu'il y avait forcément quelqu'un à l'intérieur. Pourquoi ne s'était-elle pas arrêtée ?

Sarah était plongée dans ses réflexions. Il y avait quelque chose dans ce lieu qui provoquait chez elle tous ces rêves insolites. Quoi que cela puisse être, elle se sentait plus en sécurité en compagnie de ses amis que seule. Et puis, elle espérait qu'ils l'aideraient peut-être à comprendre pourquoi La Nouvelle Arcadie exerçait sur elle un effet aussi étrange. Jodie et Adam avaient dit qu'ils allaient chercher le bonhomme aux cheveux gris du côté de la piscine, aussi se dirigea-t-elle vers cette aile.

Elle jeta un coup d'œil dans la salle d'haltérophilie, le studio d'aérobic et le court de squash avant d'aller à la piscine. Là, elle ouvrit la porte et passa sa tête. Il n'y avait personne. Elle s'apprêtait à repartir lorsqu'elle remarqua qu'il y avait de la condensation sur la paroi vitrée, à l'autre extrémité de la piscine.

Curieuse, elle s'approcha. En ouvrant la porte, elle vit avec surprise Matt, assis au bord d'un bassin fumant, vêtu de son seul caleçon.

— Oh ! s'exclama-t-il en attrapant vivement la serviette. Alors te voilà. Pourquoi tu ne t'es pas arrêtée, tout à l'heure ?

— Tout à l'heure ? répéta Sarah en fronçant les sourcils. Comment ça, tout à l'heure ?

— Il y a trois minutes, tu es passée juste devant, là, expliqua Matt. J'ai voulu t'appeler mais le temps d'arriver à la porte et tu étais déjà repartie.

Sarah le contempla en arrondissant les yeux.

— Matt, c'est la première fois que je mets les pieds ici !

— Oh, arrête, Sarah, puisque je te dis que je t'ai vue.

Sarah regarda la cloison vitrée. Un peu plus tôt, Adam et Jodie avaient affirmé avoir couru après elle pendant dix minutes à travers bois. Maintenant, Matt prétendait qu'elle était déjà passée devant cette porte. Est-ce que ses amis étaient en train de lui jouer un sale tour ?

— Tu es sûr que c'était moi ? demanda-t-elle, incrédule.

— Tu connais quelqu'un d'autre, ici, qui a les cheveux roux et frisés ?

Avant que Sarah ne puisse répondre, la porte vitrée s'ouvrit. Jodie et Adam apparurent, faisant tous les deux triste mine.

14

— Je croyais que vous étiez censés fouiller l'auberge à la recherche du type, dit Adam. Pas vous prélasser dans le Jacuzzi.

— C'est ce que j'ai fait, se défendit Matt. Et comme je ne l'ai trouvé nulle part, je suis venu ici dans l'espoir de vous rejoindre. Et figure-toi que ce bain bouillonnant s'est placé sur ma route.

— Super, Matt. Et tu crois que ça va nous aider à repartir chez mon oncle ?

— Allez, quoi, je voulais juste faire une petite trempette pour essayer, dit Matt d'un air penaud.

Adam se tourna vers Sarah.

— Et toi ?

— Je n'ai vu personne, répondit-elle. Je viens juste d'arriver ici.

Il lui semblait soudain très important qu'Adam ne croie pas qu'elle avait vu Matt se déshabiller.

— Et vous, bredouilles aussi ? demanda-t-elle.

Adam et Jodie hochèrent la tête.

— C'est vraiment bizarre, dit Jodie. D'abord le bonhomme aux cheveux gris disparaît, ensuite la voiture.

— Hé, vous savez quoi, les gars ? fit Matt. S'il veut échanger l'auberge de l'Arcadie contre la voiture, je suis partant. Je parie que mes parents n'auront rien contre non plus.

Adam lui jeta un regard de pierre.

— Holà, je ne dis pas que je n'ai pas envie d'aller chez le tonton, Adam. Je trouve seulement que tant qu'à être bloqués ici, autant profiter des installations qu'on y trouve, non ?

— Il a peut-être raison, remarqua Jodie. Tôt ou

tard, on va forcément récupérer la voiture. En attendant, pourquoi ne pas nous détendre et nous amuser un peu ?

— Bon, je ne sais pas ce que vous en pensez, mais personnellement, s'il y a une chose que j'aimerais faire, c'est manger, déclara Adam. J'ai une de ces dalles !

— Je suis vraiment désolée, messieurs-dames, mais on est à court de bonbons et de gâteaux secs, annonça Jodie.

— Il me reste les œufs brouillés lyophilisés dans mon sac, suggéra Sarah.

Adam émit un grognement.

— Ça ne me dérange pas de manger ça en pleine nature, dit-il, mais là, dans cette luxueuse auberge, j'ai quand même envie de trouver mieux.

Ils attendirent dans le couloir que Matt se rhabille. Sans en avoir l'air, Sarah jeta de discrets coups d'œil vers Jodie et Adam pour voir comment ils s'entendaient. Lorsque Jodie toucha le bras d'Adam, elle éprouva un nouveau pincement de jalousie. Comme c'était bizarre... Elle avait vu Jodie et Adam échanger des marques de tendresse des dizaines de fois, et jamais elle n'avait ressenti la moindre jalousie. Mais depuis qu'elle avait embrassé Adam, plus rien n'était pareil.

— Il y a des fois où je ne comprends vraiment pas Matt, commenta Adam tandis qu'ils attendaient. On dirait qu'il est incapable de prendre quoi que ce soit au sérieux.

— Il pense sans doute simplement que tout va s'arranger, dit Jodie. Et d'ailleurs, je trouve qu'il n'a pas tort, dans un sens. On est tout de même plutôt bien, ici.

Adam lui décocha un regard revêche, et elle ajouta :

— Je crois que tu es un peu à cran parce que tu es

frustré : tu avais vraiment envie de passer huit jours dans le cabanon de ton oncle, et de pêcher.

— On peut peut-être pêcher, par ici, hasarda Sarah.

Adam haussa les épaules avec indifférence.

— C'est vrai, vous avez raison. Je prends peut-être tout ça trop à cœur.

Les portes vitrées s'ouvrirent, et Matt fit irruption.

— Bon, je suis prêt. Je vous promets de ne plus fermer l'œil tant qu'on n'aura pas retrouvé ce type, récupéré ma voiture et passé le reste de la semaine assis dans la bicoque de ton oncle à grelotter sous une pluie glaciale.

Même Adam ne put s'empêcher de sourire. Il donna une bourrade à Matt et lui dit :

— Allons plutôt chercher de quoi casser la croûte.

Ils traversaient le hall lorsque l'homme aux cheveux gris entra, vêtu d'un imperméable vert. Il portait une canne à pêche et un vieux panier en osier.

— Comment va ? demanda-t-il en secouant la pluie de son imper et en abaissant la capuche.

Sarah eut l'impression, cette fois encore, qu'il la regardait avec insistance.

— C'est peut-être à vous de nous le dire, remarqua Adam. Où est notre voiture ?

— Votre voiture ?

Il parut perplexe un instant.

— Ah oui, j'ai appelé Nathan au garage ce matin. Il a dit qu'il irait la chercher et la ramènerait ici, à moins qu'il ne faille effectuer des réparations, auquel cas il la remorquerait à l'atelier.

— Si je comprends bien, il y a donc eu des dégâts, marmonna Matt.

L'homme consulta sa montre et hocha la tête.

— Il est trop tard pour appeler maintenant. Je passerai un coup de fil demain matin.

Il fallut un moment pour qu'ils réalisent ce qu'impliquaient ses paroles. Puis, Adam exprima tout haut ce que pensait Sarah :

— Il va donc falloir qu'on reste encore ici cette nuit ?

L'homme retira son imperméable. En dessous, il portait les mêmes vêtements que la veille, lorsqu'il leur avait ouvert.

— Vous n'êtes pas obligés de rester si ça ne vous plaît pas, les gars. Mais compte tenu des circonstances, vous êtes les bienvenus.

Il marcha vers Adam et lui tendit la main.

— Au fait, je m'appelle Sebastian. Je suis le gardien de l'auberge.

— Enchanté de vous connaître, Sebastian. Moi c'est Adam.

Les autres se présentèrent, et quand ce fut le tour de Sarah, Sebastian sembla garder sa main entre les siennes plus longtemps que celle des autres. Et son nom fut le seul qu'il répéta :

— Sarah, hein ? C'est joli, comme prénom.

Sarah rougit et retira sa main. Il se tourna alors vers les autres.

— Vous avez déjà dîné ?

Ils firent non de la tête. Sebastian ramassa son panier de pêche et l'ouvrit. A l'intérieur, il y avait six belles truites mouchetées.

— Dites donc, elles sont magnifiques ! s'exclama Adam.

— Je pense qu'il y en a assez pour tout le monde, déclara Sebastian. Je vous propose de me retrouver à la salle à manger dans une demi-heure.

Sarah et Jodie échangèrent un regard interrogateur, mais l'idée de truites fraîchement cuisinées était autrement plus séduisante que des œufs brouillés en sachet.

— D'accord, c'est très gentil, dit Sarah.

— Bon, à tout à l'heure, alors.

Sebastian reprit son attirail et disparut de l'autre

côté du hall, derrière une porte sur laquelle était gravé en lettres dorées : « Salle à Manger ».

— Dire qu'on va devoir passer encore une nuit ici, soupira Adam après son départ.

— Tu es toujours aussi pressé de repartir ? demanda Jodie.

— Je ne sais pas, à vrai dire, je suis un peu tiraillé. D'un côté, je me dis qu'on devrait aller récupérer la voiture et partir. De l'autre, j'ai envie de me laisser porter tranquillement par les événements.

Il marqua une pause, puis :

— Une question : comment on s'est débrouillés pour se retrouver à la table de ce type ?

— Je suppose que rien ne nous y oblige, dit lentement Jodie. Mais ça pourrait paraître un peu impoli, étant donné qu'il nous laisse rester ici.

Adam se tourna vers Matt.

— Qu'est-ce que tu en dis ?

Matt haussa les épaules :

— Ce n'est pas à moi qu'il faut demander ça. C'est à Sarah. C'est pour elle qu'il a le béguin.

Et sur ces paroles, tous les regards convergèrent vers Sarah.

15

— Ce n'est pas vrai, murmura-t-elle, profondément mal à l'aise.

— Tu rigoles ? fit Matt. Il n'avait aucune intention de nous laisser entrer, hier soir, jusqu'à ce qu'il pose les yeux sur toi. Et là encore, tu as bien vu la manière dont il t'a regardée.

Il imita le ton de Sebastian :

— « Sarah, hein ? C'est joli, comme prénom. »

— Attends, intervint Adam, même si c'est vrai, ce n'est pas la faute de Sarah si elle lui plaît.

Sarah apprécia qu'il prenne sa défense, mais elle fut blessée de voir Matt si vindicatif. Malgré son désir ardent d'être avec Adam, elle n'avait pas envie que Matt soit fâché contre elle. Et surtout pas maintenant, alors qu'ils étaient tous embarqués dans cette galère.

— Je crois qu'on devrait accepter, conclut Jodie. On va juste dîner avec lui, c'est tout. Et puis, je parie que ça va être un régal, ce poisson.

Les autres approuvèrent de la tête.

— Bon, moi, je vais prendre une petite douche, enchaîna Jodie en se tournant vers le couloir qui conduisait aux chambres.

— Moi aussi, fit Adam en s'apprêtant à lui emboîter le pas.

— Et moi itou, conclut Matt.

Mais lorsqu'il se retourna, Sarah lui prit le bras.

— On devrait peut-être parler.

— De quoi ?

— Tu le sais très bien, dit Sarah.

Matt jeta un coup d'œil vers Jodie et Adam.

— O.K., fit Adam avec un sourire. On vous retrouve un peu plus tard.

Matt et Sarah attendirent que les deux autres aient quitté le hall. Elle n'avait aucune envie de donner l'impression qu'elle voulait rester seule avec Matt, mais il devenait impératif de mettre certaines choses au point.

— Bon, dit Matt. De quoi tu veux parler ?

— Allons nous asseoir, proposa-t-elle.

Ils prirent place sur un canapé devant l'immense cheminée en pierre. Matt croisa les bras et s'absorba dans la contemplation du plafond. Son attitude rappela à Sarah celle des petits gamins, à l'école, dans le bureau du proviseur, qui attendent de se faire taper sur les doigts.

— Depuis qu'on est partis, j'ai l'impression que tu me fais la gueule, commença-t-elle.

— Vraiment ? Je ne vois pas ce qui peut te faire croire ça, fit Matt avec sarcasme.

— Tout. Et en particulier la façon dont tu te conduis en ce moment.

Matt relâcha son souffle et regarda par terre. Puis il leva les yeux vers Sarah.

— Où tu étais, l'autre soir ?

— Je... Je te l'ai dit, fit Sarah en essayant de garder son calme. Je suis allée m'acheter des collants.

— C'est tout ? demanda-t-il en se penchant vers elle.

— Non. Je suis tombée sur Adam et on a mangé une part de pizza ensemble.

Il la lorgna d'un œil suspicieux.

— Pourquoi tu ne me l'as pas dit plus tôt ?

Sarah haussa les épaules.

— Je ne sais pas. Sans doute de crainte que tu ne te fâches.

— Je ne vois pas pourquoi je me serais fâché, s'étonna Matt. Je croyais que vous étiez simplement copains.

— C'est le cas, dit Sarah.

Mais en prononçant ces paroles, elle fut incapable de le regarder en face.

— Alors, qu'est-ce qui s'est passé entre toi et Adam ?

— On a parlé.

— Et ensuite ?

— Il m'a raccompagnée à la maison.

— *Et ensuite ?*

— C'est tout, Matt.

Il plongea les yeux dans les siens.

— Tu me le jures ?

Sarah hocha la tête.

Matt s'appuya contre le dossier et glissa les mains dans ses poches.

— C'est pour ça que tu étais si énervé ? demanda-t-elle doucement.

— En partie, oui.

— Et à cause de quoi, encore?

Comme d'habitude, Matt sembla réticent à se confier. Il n'aimait pas aborder les sujets sérieux. Sarah savait qu'il préférait de loin le ton de la plaisanterie.

— Parle-moi, Matt, insista-t-elle.

Il fallait qu'elle sache toute la vérité.

— A quoi bon? bougonna Matt.

C'était une bonne question. Depuis la soirée qu'elle avait passée en tête à tête avec Adam, Sarah n'éprouvait plus la moindre attirance pour Matt. Elle savait à présent qu'elle allait devoir rompre, mais elle voulait attendre la fin de leurs vacances. Il était très important pour elle qu'ils restent bons amis. Or cela signifiait qu'il fallait absolument éviter une scène entre elle et Matt, tant que Jodie et Adam seraient là.

— Parce que je t'aime beaucoup, répondit-elle. Je n'aime pas quand nos rapports sont tendus.

Matt poussa un lourd soupir.

— D'accord. Voilà: l'été dernier, quand on a commencé à sortir ensemble, je trouvais vraiment que la vie était fabuleuse. On était juste tous les deux, on s'amusait bien. Puis Jodie et Adam sont revenus de leur camp et les choses ont commencé à changer. Au début, je pensais que tu étais simplement intimidée parce que tu ne les connaissais pas. Ou peut-être jalouse parce que Jodie et moi, on était sortis ensemble avant. Mais ensuite, j'ai vu la manière dont tu regardais Adam, et j'ai eu l'impression que tu aurais préféré sortir avec lui, plutôt qu'avec moi.

Sarah posa sa main sur la sienne.

— Ce n'est pas vrai, Matt. Je t'ai toujours préféré à lui.

Menteuse. Au moment même où elle prononçait ces paroles, elle regrettait de ne pas être assise à côté d'Adam, au lieu de Matt. Il leva les yeux vers elle.

— Tu es sincère?

— Oui.

— A cent pour cent ?

Sarah hocha la tête, et Matt la gratifia d'un sourire rayonnant.

— Ah, voilà qui fait chaud au cœur.

Il se glissa plus près d'elle sur le canapé. Soudain, Sarah se rendit compte qu'il allait la prendre dans ses bras et l'embrasser. Sans lui en laisser le temps, elle se leva vivement et s'approcha de la cheminée. Des pommes de pin et du petit bois étaient déjà disposés dans l'âtre, et il y avait une haute pile de bûches sur le côté.

— Il fait frisquet, tu ne trouves pas ? dit-elle en se frottant les bras comme si elle avait froid. Ça serait chouette de faire un feu.

— Maintenant ? demanda Matt avec surprise.

— Bien sûr, pourquoi pas ?

— C'est vrai, pourquoi pas ?

Matt se leva et alla ramasser une bûche, qu'il posa sur le petit bois. Il se retourna pour prendre un deuxième rondin, mais s'interrompit soudain.

— Hé, super, dit-il en brandissant un objet étroit et allongé.

C'était l'étui d'un couteau. Il se trouvait caché sous la bûche que Matt venait de soulever. Elle le regarda saisir le manche en plastique vert et dégager la lame gris acier.

C'était le couteau de l'armée dont elle avait rêvé ! Pétrifiée, Sarah ne pouvait en détacher son regard.

— Sarah ?

Elle cligna des yeux, Matt lui parlait.

— Oui ?

— Tu te sens bien ?

Elle hocha la tête.

— Pourquoi tu me demandes ça ?

Il désigna l'instrument.

— C'est juste la façon dont tu contemples ce truc.

— Je peux le voir ? demanda-t-elle.

— Bien sûr, tiens, dit-il en lui tendant le manche.

Le couteau était plus lourd que Sarah ne s'y attendait. Elle effleura du pouce la lame acérée, soupesa le couteau entre ses mains, et imagina le plonger dans la poitrine de Matt. Soudain, ce ne fut plus un simple fantasme extravagant, mais un désir qui croissait à chaque seconde. Sarah dut faire un effort surhumain pour s'interdire d'obéir à cette subite impulsion.

— Eh bien, dis donc, dit Matt en tendant la main, je ne savais pas que ça te fascinait à ce point, ces machins-là.

Sarah regarda sa main tendue, tandis que de délirantes pensées lui traversaient le cerveau. Elle se voyait en train d'enfoncer le couteau dans sa gorge, ou de l'abaisser pour lui déchirer le poignet. Comme ce serait facile... Comme c'était tentant...

Mais qu'est-ce qu'il lui prenait ? Elle avait des idées de meurtrière !

— Tu me le rends ? demandait Matt.

Il lui fallut rassembler toute sa volonté pour tendre l'arme à Matt. Il la prit en lui décochant un regard étrange, presque soupçonneux.

— Je ne sais pas ce que tu as, Sarah, mais tu es vraiment bizarre, ce soir, dit-il.

16

Ils dînèrent aux chandelles, autour d'une table en pin massif. Sebastian avait préparé des truites grillées, des pommes de terre au four et une salade verte. Il présidait, assis en bout de table, et la lumière des bougies faisait briller ses bagues et son bracelet.

— C'est un délice, déclara Adam entre deux bouchées.

— Tu vois, fit Jodie en lui donnant un coup de

coude malicieux. Tu manges tout de même du poisson fraîchement pêché, finalement.

— Sauf que ce n'est pas moi qui l'ai attrapé.

Il se tourna vers Sebastian.

— Où pêchez-vous, dans le coin ?

— Sur le lac Arcadie, derrière la piscine. En général, on le voit d'ici, mais ces derniers jours, entre la pluie et le brouillard...

— Racontez-nous plutôt l'histoire de cette auberge, demanda Matt. Je veux dire, qu'est-ce qu'elle fait là, plantée au milieu de nulle part ?

— Ce n'est qu'une question de perspective, répondit Sebastian avec un sourire. Pour vous, c'est peut-être le milieu de nulle part, mais pour quelqu'un d'autre, cela pourra être le centre de tout.

Matt roula des yeux.

— Bon, d'accord, mais qu'est-ce qu'elle fait là ?

Sebastian posa sa fourchette et s'essuya délicatement les lèvres avec sa serviette.

— L'Arcadie fut construite dans les années 20 par un milliardaire, un certain Welsh. C'était là qu'il venait fuir le monde et passer ses vacances en famille. Hélas, la Crise lui est tombée dessus peu après, et M. Welsh a perdu toute sa fortune. Il a dû vendre. Les acquéreurs suivants ont transformé la propriété en auberge, mais ils n'ont jamais pu la rentabiliser, aussi ont-ils été obligés de la revendre à leur tour. Après cela, il y a eu différents propriétaires, qui ont tous essayé de faire marcher l'Arcadie. Sans succès. Enfin, dans les années 60, c'est devenu très prisé des hippies, qui vivaient là en communauté.

Sebastian sourit et ajouta :

— En ces temps de paix et d'amour.

— Qu'est-il arrivé, ensuite ?

— L'auberge est restée abandonnée jusqu'à ce que le propriétaire actuel la rachète. Comme vous pouvez le constater, il a dépensé une fortune pour la retaper.

En principe, la date d'ouverture est prévue pour fin mai.

— Et qui est ce monsieur ? s'enquit Jodie.

— Il préfère garder l'anonymat, répondit Sebastian.

Quelque chose troublait Sarah.

— Apparemment, elle est restée à l'abandon pendant une vingtaine d'années. Pourquoi si longtemps ?

Sebastian posa les yeux sur elle.

— En 1969, il y a eu un drame, ici. Une histoire assez macabre. A la suite de cet événement, personne ne voulait plus de cet endroit.

— On le disait hanté ou quelque chose ? interrogea Matt, captivé.

Sebastian regardait toujours Sarah.

— Certains disent qu'il l'est encore.

— Que s'est-il passé exactement ? demanda Jodie.

— Une jeune hippie s'est livrée à un véritable massacre, elle a taillé en pièces trois de ses amis avec un couteau de l'armée, expliqua Sebastian.

Soudain, Sarah se rendit compte que Matt la contemplait avec insistance. Il remua les lèvres, et elle fut certaine qu'il avait formé silencieusement les mots : « couteau de l'armée ».

Elle eut subitement la chair de poule et détourna les yeux.

— Pourquoi a-t-elle fait ça ? s'enquit Adam.

— Personne ne l'a jamais su, répondit Sebastian. Certains disent que c'est parce que son petit ami batifolait avec une autre. D'autres parce qu'elle voulait le petit ami de l'autre fille pour elle, mais qu'il n'était pas intéressé, alors elle a perdu la tête et les a tous assassinés. Elle se disait peut-être que puisqu'elle ne pouvait pas l'avoir, alors personne d'autre ne l'aurait. Ils ont essayé de plaider la démence au procès, en disant que toutes les drogues qu'elle prenait l'avaient rendue folle. Mais le jury n'a rien voulu savoir.

— Et comment ça s'est terminé ? demanda Adam.

— Elle est passée sur la chaise électrique, répondit Sebastian. Ça a pris des années, avec l'appel et les sursis à l'exécution du jugement, mais je n'ai jamais oublié la date. Elle est morte le 19 mars 1977.

Sarah leva la tête, abasourdie. Cette fois encore, son regard croisa celui de Matt.

— Le jour où tu es née, murmura-t-il.

17

La tablée tout entière devint silencieuse. Sarah gardait la tête baissée, mais elle savait que tous les yeux étaient rivés sur elle. Pensaient-ils qu'il pouvait y avoir un rapport quelconque ? *Et elle, le pensait-elle ?*

— Etrange coïncidence, remarqua enfin Adam.

Sarah leva les yeux, et Adam lui adressa un sourire rassurant.

— Tu parles ! approuva Jodie avec un vigoureux hochement de tête.

— Elle était comment, physiquement, cette fille ? voulut savoir Matt.

Sebastian haussa les épaules.

— Je ne saurais pas vous dire.

Le silence s'établit de nouveau, et Sarah espéra que l'on changerait de sujet, mais Matt avait une dernière question :

— Je voudrais savoir quelque chose, Sebastian. A-t-on trouvé l'arme du crime ?

Sarah vit que l'homme aux cheveux gris était surpris par la question.

— Pourquoi me demandez-vous cela ?

— Simple curiosité, répondit Matt.

— Eh bien, en fait, on ne l'a jamais retrouvée.

Une nouvelle fois, Matt regarda Sarah en arrondissant les yeux.

— Comment sait-on que c'est elle qui les a tués ? interrogea Jodie.

— Tout le monde savait qu'elle portait ce couteau. Et puis elle a fait des aveux complets à la police. Mais vous savez, c'est de l'histoire ancienne, je suis sûr que nous pourrions nous raconter des tas d'autres choses.

Adam, Matt et Sebastian se mirent à parler de pêche jusqu'à la fin du repas. Puis le gardien repoussa sa chaise et se leva.

— Bon, c'est l'heure de mettre la viande dans le torchon, déclara-t-il.

Sarah et les autres se regardèrent avec incertitude.

— Vous pouvez prendre votre temps, leur dit Sebastian. N'oubliez pas d'éteindre les bougies avant d'aller vous coucher.

— Eh bien, en tout cas, merci pour le dîner, fit Adam.

— Il n'y a vraiment pas de quoi, répondit Sebastian avec un nouveau regard appuyé en direction de Sarah.

Ils attendirent qu'il s'en aille, puis Matt se tourna vers les autres.

— Vous voulez voir un truc incroyable ? chuchota-t-il avec excitation.

Il chercha quelque chose sous la table et, une seconde plus tard, il brandissait le couteau vert dans son étui.

— C'est un couteau, fit Adam, perplexe. Et alors ?

— Et alors c'est *le* couteau, chuchota Matt. Celui avec lequel la fille a tué ses amis.

— Ben voyons ! fit Adam. Après plus de vingt ans, tu tombes dessus, comme ça, par le plus pur des hasards.

— C'est vrai, insista Matt. Il était dans la pile de bois, à côté de la cheminée. Caché sous une bûche.

— Ô mon Dieu ! s'écria Jodie.

— Hé, une seconde, dit Adam. Ce n'est pas parce

que tu as trouvé un couteau sous la pile de bois que c'est l'arme du crime.

— Mais si, bien sûr, répliqua Matt. Tu imagines qu'il y a des tonnes de couteaux militaires planqués comme ça dans toute la maison ?

— Vous avez tous les deux raison, trancha Jodie. On ne saura jamais si c'est ce couteau-là.

Matt agita lentement l'instrument dans les airs, tout en émettant des sonorités étranges et inquiétantes dignes de *La Quatrième Dimension*.

— Arrête, Matt, dit Jodie. Ce n'est pas drôle. On devrait peut-être prévenir la police ?

— Pour quoi faire ? demanda Matt. La meurtrière a déjà été exécutée. Ils n'en ont plus rien à cirer, de ce bidule.

— Qu'est-ce que tu vas en faire ? demanda Adam.

— A ton avis ? Je vais le garder, bien sûr. C'est le plus chouette souvenir que j'aie jamais dégoté.

Après le dîner, ils allèrent dans le hall, où Adam et Matt allumèrent un feu dans la grande cheminée. Matt avait passé l'étui du couteau dans sa ceinture. Curieusement, Sarah ne pouvait en détacher ses regards.

— Je persiste et signe, déclara Adam en allumant une boule de papier sous le petit bois. Ce Sebastian est vraiment bizarre, comme type.

— Moi je l'ai trouvé plutôt sympa, dit Jodie.

— En tout cas, reprit Matt, je n'aime pas la façon dont il regarde tout le temps Sarah.

— J'ai remarqué, oui, fit Jodie en se tournant vers Sarah. Tu crois qu'il a un faible pour toi ?

— Pitié ! gémit Sarah en frissonnant. J'espère que non.

Matt garda une nouvelle allumette et le feu crépita bientôt. Pendant quelques minutes, ils regardèrent les flammes et se laissèrent réconforter par l'agréable chaleur. Adam vint à côté des filles sur le canapé, mais Matt resta devant le foyer, remuant les bûches à l'aide d'un tisonnier.

— Bon, dit-il, et maintenant ?

Sarah jeta un coup d'œil vers les autres. Si elle devait passer encore une nuit ici, elle serait ravie de rester au coin du feu.

— Allez, on fait quelque chose, décida Matt. On commence à vraiment s'ennuyer.

— J'en ai assez fait pour aujourd'hui, décréta Jodie. Toi, tu es resté toute la journée planté devant la télé, mais, avec Adam, on a passé des heures dehors à chercher la voiture de tes parents.

Matt se tourna vers Sarah.

— Tu veux aller dans le Jacuzzi ?

— Je n'ai pas apporté de maillot de bain, ni de short, rien.

— Et alors ? fit-il avec un large sourire.

— Et alors c'est exclu, décréta Sarah avec un rapide coup d'œil vers Adam.

Matt reposa le tisonnier.

— Eh bien, moi, j'y vais. Si vous changez d'avis, vous savez où me trouver.

— Tu vas y aller tout seul ? demanda Jodie avec nervosité.

— Bien sûr.

Matt porta vivement la main au côté, et tira le couteau militaire de son étui.

— Si quelqu'un me cherche noise, il ne sera pas déçu.

Sur ces paroles, il s'en alla.

— Bon, soupira Jodie en se levant. C'est l'occasion de lire encore quelques pages. Il m'en reste trois cents. Tu veux retourner dans la chambre, Sarah ?

Sarah s'apprêtait à accepter, lorsque Adam attira son regard.

— Euh... vas-y, je te rejoins, dit-elle.

Jodie regarda Sarah, puis Adam, puis de nouveau Sarah.

— Bon, je vous laisse tous les deux. Mais seulement parce que j'ai confiance en vous, ajouta-t-elle avec un clin d'œil.

Lorsqu'elle fut partie, Sarah contempla le feu, mal à l'aise. Seule avec Adam, elle ressentait un désir aussi ardent que les braises, sous les flammes, mais les paroles de Jodie l'emplissaient de culpabilité.

Le bois crépitait, et une bûche se cassa en deux, faisant jaillir une gerbe d'étincelles. Adam se leva et mit un nouveau rondin, puis le regarda s'enflammer. De là où elle se tenait, sur le divan, Sarah voyait les ombres et les lumières danser sur son visage. *Amour... jalousie... désir.* Tandis que les paroles de Jodie s'estompaient progressivement, le désir continuait à s'accroître.

Enfin, Adam se retourna et la regarda.

— A propos de l'autre soir, Sarah, commença-t-il.

— Tu n'es pas obligé d'en parler.

— Je le souhaite.

Il marqua une pause et contempla les flammes.

— J'y ai beaucoup repensé, et je ne voudrais pas que tu te fasses des idées fausses. J'aime réellement Jodie, et je ne ferais jamais rien qui puisse la blesser.

Ce n'était pas ce que Sarah avait envie d'entendre, mais elle hocha la tête.

— Si je t'avais rencontrée d'abord, cela n'aurait peut-être pas été pareil, poursuivit Adam. Mais je sors avec Jodie, et c'est comme ça. Vous êtes très différentes. Je vous aime bien toutes les deux.

C'était ce que pensait Sarah de lui et de Matt, avant. Avant ce baiser qu'elle avait échangé avec lui. Avant qu'ils ne viennent ici.

— Ce que j'essaie de te dire, c'est que, parfois, il se passe des trucs, ce n'est la faute de personne, personne n'est à blâmer. Et je... j'espère qu'on pourra rester amis.

Amis? Non, ils ne pourraient jamais plus être amis, maintenant. Sarah savait ce qu'avait éprouvé

Adam dans la voiture, alors qu'ils étaient garés devant chez elle, et ce qu'il avait éprouvé un peu plus tôt, dans les bois, quand il l'avait tenue entre ses bras. Ce n'était pas de l'amitié. Mais il devait sans doute se sentir coupable, vis-à-vis de Matt et de Jodie.

Si seulement Matt et Jodie n'étaient pas là...

C'était plus fort qu'elle, elle ne pouvait pas en rester là.

— Adam, tu es sûr que tu n'as pas vu ce bus, la nuit dernière ?

— Quoi ? Oui, bien sûr, Sarah, j'en suis certain.

— Et qu'est-ce qui te fait croire que la fille que tu as vue dans les bois, c'était moi ?

Il sourit.

— Trois choses. La première, c'est qu'elle avait des cheveux roux, comme les tiens. La deuxième, c'est qu'elle courait. La troisième et la plus importante, c'est que je t'ai rattrapée.

— Indéniablement.

Il se souvenait forcément de cet instant où il l'avait serrée contre lui. Elle crut presque le déceler sur son visage.

Adam vint s'asseoir sur le divan.

— Ecoute, Sarah, je sais ce que tu penses, et je suis sincèrement désolé si je t'ai donné de faux espoirs. Mais je... Je n'en ai jamais eu l'intention.

— Tu n'as jamais eu l'intention de m'embrasser ? demanda-t-elle innocemment.

— Eh bien, je...

Sarah vit l'indécision et la confusion dans ses yeux bleus. Elle se rapprocha doucement de lui et posa une main sur les siennes.

— Je crois que tu avais parfaitement l'intention de m'embrasser, dit-elle d'une voix grave.

Adam avait les yeux fixés sur la main de Sarah, au-dessus de la sienne, mais il leva la tête et soutint son regard.

— Si mes souvenirs sont bons, objecta-t-il, il me semble que c'est toi qui m'as embrassé.

Sarah hocha lentement la tête.

— Tu ne t'es pas exactement enfui à toutes jambes.

Il se détourna vers le feu. Elle le vit pousser un long soupir. *Amour... jalousie... désir.* Les émotions qu'elle éprouvait au fond de son cœur étaient aussi intenses que les flammes dans l'âtre. Elle était incapable, à présent, de se soucier de Matt ou de Jodie. Seul Adam comptait. Il fallait qu'elle l'aie. Il le lui fallait à elle seule.

Elle se glissa encore plus près. Son genou était pressé contre le sien, maintenant, et leurs visages se touchaient presque.

— Et cet après-midi, reprit-elle, quand on était dans les bras l'un de l'autre, tu n'étais pas pressé de me lâcher.

Adam hocha lentement la tête et regarda par terre.

— Jusqu'à ce que Jodie...

— Oublie Jodie, murmura Sarah.

Adam releva vivement les yeux.

— Comment peux-tu dire ça, Sarah? C'est ma petite amie, on est ensemble.

— C'est ce que tu souhaites vraiment?

Il haussa les épaules.

— Je ne sais plus très bien ce que je souhaite. La seule chose dont je suis sûr, c'est que c'est comme ça. Comment pourrais-je rompre avec Jodie?

— De la même manière qu'elle a rompu avec Matt, répondit Sarah du tac au tac. Ils sont restés amis.

— Oui, mais c'était différent.

— En quoi? demanda Sarah en se rapprochant encore.

Elle voulait sentir ses bras autour d'elle, ses lèvres contre les siennes. Elle tendit une main, lui caressa l'épaule et la joue du bout des doigts. Il était tellement beau, tellement délicat. Tout ce que Matt n'était pas.

Adam écarta sa main de son visage.

— Ecoute, Sarah, même si je quittais Jodie, je ne pourrais jamais faire ça à Matt. Je veux dire, ce serait la deuxième fois que je lui piquerais sa petite amie.

— Ce n'est pas ton problème, fit Sarah en se lovant contre lui.

Presque malgré elle, elle se retrouva en train d'essayer de l'attirer contre elle. L'espace d'un instant, Adam sembla prêt à se laisser faire, mais soudain il posa les deux mains sur ses épaules et la repoussa doucement, mais fermement.

— Mon Dieu, Sarah, tu as vraiment changé, dit-il en la regardant curieusement.

— Non, chuchota-t-elle, j'ai toujours éprouvé ces sentiments. Dès l'instant où je t'ai vu, j'ai compris que je m'étais trompée en sortant avec Matt.

— Tu parles sérieusement? demanda Adam, choqué.

Sarah acquiesça de la tête.

— Ça alors, je l'ignorais totalement. De toute façon, tu n'as pas à être agressive comme ça.

Agressive? Le mot frappa Sarah comme une gifle. Cela ne lui ressemblait pas du tout, d'être agressive. Elle avait toujours été une fille douce et patiente. Même si elle désirait ardemment quelque chose, elle préférait s'en passer plutôt que de l'obtenir par n'importe quel moyen. Elle se rendit compte soudain qu'Adam avait raison. Elle se sentait comme sous l'emprise d'un sortilège.

A sa consternation, Adam se leva.

— J'ai l'impression que, depuis qu'on est ici, tu es quelqu'un d'entièrement différent.

Sarah resta muette, sans savoir quoi répondre. Et Adam fit mine de partir.

— Attends, dit Sarah.

Il s'arrêta et se retourna d'un air interrogateur.

— Tu as peut-être raison, dit rapidement Sarah. Je ne sais pas pourquoi je t'ai dit toutes ces choses. Promets-moi de ne pas en parler à Jodie ni à Matt. Je t'en prie, Adam, tu veux bien ?

Il hésita un instant, puis hocha la tête.

— D'accord, Sarah. Oublions l'incident.

Sarah fut envahie d'un indicible soulagement. Elle suivit Adam des yeux tandis qu'il disparaissait dans le couloir menant à leurs chambres. Puis, elle se retourna vers les flammes qui dansaient dans l'âtre.

Elle avait peut-être été agressive, mais ses sentiments à l'égard d'Adam n'avaient nullement changé. Ni, soupçonnait-elle, les siens envers elle. Elle s'était simplement montrée un peu trop insistante, et cela l'avait effrayé.

Pour l'instant...

Si seulement Jodie et Matt n'étaient pas là...

18

Hou là là ! Des millions de minuscules bulles tourbillonnaient autour de Matt dans le Jacuzzi. Il n'aurait jamais cru qu'une aussi petite dose de shampooing produirait autant de mousse. Mais les jets d'eau bouillonnants dans le bassin avaient créé une montagne d'écume blanche.

On doit vite y prendre goût, se dit-il en souriant, parfaitement détendu, dans l'eau chaude jusqu'aux épaules.

Soudain, Matt sentit un courant d'air froid pénétrer dans la pièce chargée de vapeur. De là où il était, derrière les bulles, il distingua une masse de boucles rousses.

— Hé, Sarah ! dit-il. Tu as bien fait de changer d'avis. Viens, on est trop bien, là-dedans.

Elle referma la porte derrière elle et se dirigea vers le vestiaire des femmes.

Super ! se dit Matt, transporté à l'idée que Sarah allait venir le rejoindre.

Quelques instants plus tard, la porte du vestiaire se rouvrit et Sarah en sortit. Dans l'air imprégné de vapeur d'eau, il ne la distinguait pas clairement. Mais qui d'autre ici avait des cheveux frisés d'un roux éclatant ? Elle semblait porter un T-shirt blanc et un blue-jean coupé à mi-cuisses. Elle rentra ses cheveux sous un bonnet de bain démodé en caoutchouc blanc.

— Hé, où tu l'as trouvé, ce short ? demanda Matt. Je croyais que tu n'avais pas emporté de quoi te baigner. Et d'où tu sors ce bonnet de bain ?

Sarah lui sourit et s'approcha de l'armoire métallique et l'ouvrit. Matt la vit tourner le bouton commandant la température.

— Hé, pas trop fort, hein ? dit-il en riant. Je ne tiens pas à cuire comme un homard dans un court-bouillon !

Matt regarda Sarah se tourner de nouveau vers lui et sourire. La température de l'eau commençait déjà à grimper. Matt fronça les sourcils. Il y avait quelque chose de différent, chez Sarah, mais il ne parvenait pas à déterminer quoi. Sa bouche ? Ses yeux ? Elle s'assit au bord du bassin, en face de lui, et mit les pieds dans l'eau.

— Alors, vous avez discuté, avec Adam et Jodie ? demanda-t-il.

Sans répondre, Sarah se laissa glisser dans le bain bouillonnant. Ses épaules s'enfoncèrent sous la mousse, puis son cou, puis le menton. Quelques secondes plus tard, Matt ne vit plus que le sommet de son bonnet de bain, qui disparut bientôt à son tour.

C'est vraiment dingue, se dit-il. Qu'est-ce qu'elle fabrique ? L'eau était devenue si chaude que la transpiration perlait à son front. Il commençait à se sentir mal à l'aise. Sarah avait dû tourner le bouton à fond. Et d'ailleurs, où était-elle passée ?

A cet instant, il sentit deux mains autour de ses cuisses.

Waouh ! Sarah ne s'était jamais montrée aussi entreprenante ! Matt commençait à devenir cramoisi dans l'eau brûlante, mais pour rien au monde il ne serait sorti maintenant. Pas tant que les mains de Sarah resteraient autour de ses jambes !

Il sentit ses doigts descendre le long de ses cuisses, jusqu'aux genoux, puis sur les mollets. Ils se refermèrent sur ses chevilles. Matt sourit et s'essuya le front de sa main mouillée. Il ne savait pas trop ce que mijotait Sarah, mais tout ça ne lui déplaisait pas, bien au contraire.

Peu à peu, elle resserra les mains autour de ses chevilles. Matt s'allongea confortablement dans l'eau, en se demandant ce qu'elle allait bien pouvoir faire, maintenant. Il fut rapidement fixé : soudain, il la sentit le tirer vers le bas. Il glissa un peu plus profondément dans l'eau brûlante.

— Hé ! dit-il.

Elle le tira de nouveau par les chevilles, et Matt s'enfonça encore un peu. Il commença à trouver la blague un peu lourde.

— Hé, ça va ! D'accord, j'ai bien rigolé, s'écria-t-il. Tu peux arrêter, maintenant.

Mais Sarah tira une nouvelle fois ; l'eau arrivait presque jusqu'au menton de Matt, maintenant. Il lui semblait qu'elle était sous la surface depuis une éternité. Elle allait sûrement remonter pour reprendre son souffle.

— Hé, Sarah ! cria-t-il. Tu ne vas pas te noyer, au moins ?

Pour toute réponse, elle l'attira encore vers le fond ; il commençait à s'inquiéter sérieusement. Sarah était immergée depuis beaucoup trop longtemps, et l'eau était carrément brûlante. Il était en train de se passer une chose vraiment anormale, cela devenait surnaturel, comme ambiance.

— Sarah ! hurla-t-il.

Il essaya de libérer ses pieds, mais elle le serrait aussi fermement qu'une pince en métal. Elle tira encore. Matt s'accrocha au bord du bassin, mais ses mains glissaient. C'était fou, c'était absurde. Sarah ne pouvait pas rester si longtemps sans respirer !

Elle le tira une nouvelle fois vers le fond.

— Hé ! Arrête !

Matt essaya de se débattre de toutes ses forces, mais les mains d'acier restaient serrées autour de ses chevilles.

— Au secours ! hurla-t-il.

Le bain était devenu bouillant.

— Sarah, arrête !

Une nouvelle secousse. L'eau brûlante arriva à sa lèvre inférieure, et il battit frénétiquement des bras.

— Au secours ! Lâche-moi !

A la secousse suivante, l'eau lui couvrit la bouche. Matt tordit le cou en l'air pour garder le nez au-dessus de la surface, et aspira goulûment une dernière bouffée d'air. Quelques instants plus tard, il disparaissait sous les bulles.

19

Toc, toc, toc !

Sarah venait de s'endormir lorsqu'elle entendit frapper à la porte. Elle alluma sa lampe de chevet. Dans l'autre lit, Jodie s'était réveillée, elle aussi.

— Jodie ? Sarah ?

C'était Adam.

— Une seconde.

Sarah se leva et alla ouvrir. Adam se tenait sur le seuil, il semblait inquiet.

— Vous avez vu Matt ?

— Non. Il n'est pas revenu du Jacuzzi ?

Adam secoua la tête.

— Il est plus de minuit. J'ai envie d'aller jeter un coup d'œil là-bas.

Il regarda au bout du couloir, mais Sarah vit qu'il hésitait. Peut-être voulait-il qu'elle vienne ? Peut-être était-ce un prétexte pour qu'ils soient de nouveau en tête à tête ?

— Attends, je t'accompagne, déclara-t-elle.

— Hé, vous n'allez pas me laisser toute seule ici, s'alarma Jodie.

— On arrive dans une minute, dit Sarah à Adam en refermant la porte.

Sarah s'agenouilla à côté de son sac à dos pour en sortir une paire de chaussettes. Soudain, sa main toucha un objet dur, plat et allongé. Surprise, elle voulut le sortir, mais son geste resta en suspens. Elle venait de reconnaître entre ses doigts le manche en plastique. *Le couteau !* La dernière fois qu'elle l'avait vu, c'était Matt qui l'avait. Que faisait-il dans ses affaires ?

Sarah jeta un coup d'œil vers Jodie, qui enfilait hâtivement un jean. Avait-elle pu prendre le couteau à Matt pour le glisser dans son sac ? Non, c'était impossible. Sarah s'apprêtait à lui poser la question lorsque quelque chose lui souffla de se taire. Elle plongea de nouveau la main dans son sac, et cette fois, elle tomba sur quelque chose de mouillé.

Mais qu'est-ce que...

Pour éviter de tremper le reste de ses vêtements, elle sortit rapidement ce qu'elle tenait entre ses doigts. C'était un T-shirt blanc. Sarah fouilla de nouveau dans le sac, fébrilement. Cette fois, elle en tira un short en jean.

— Où tu as trouvé ça ?

Sarah fit volte-face. Jodie contemplait les vêtements.

— Je... Je n'en sais rien.

— Je t'ai vue préparer ton sac, je sais que tu n'as

pas emporté de T-shirt blanc ni de short, dit Jodie. Et comment se fait-il qu'ils soient mouillés ?

— Je n'en ai aucune idée, répondit Sarah. Ce n'est pas toi qui les as mis dans mon sac, non ?

— Tu plaisantes ? C'est la première fois que je les vois, ces frusques.

— Tu crois qu'un des garçons aurait fait ça ?

— Il serait franchement doué, alors, répondit Jodie. Parce que j'avais fermé la porte à clé.

Etait-ce une blague de Matt ? se demanda Sarah. Elle le soupçonnait encore d'avoir une clé de leur chambre.

Adam frappa de nouveau.

— Vous êtes prêtes, les filles ? appela-t-il de l'autre côté de la porte.

— Ecoute, on élucidera ça plus tard, décida Jodie en laçant ses tennis. Adam nous attend.

Elles le rejoignirent dans le couloir et ils se dirigèrent en hâte vers la piscine. A l'autre bout du long bassin, ils virent que les parois vitrées de l'endroit où se trouvait le bain bouillonnant étaient couvertes de buée.

Lorsqu'ils entrèrent, un nuage de vapeur brûlante s'échappa de la pièce.

— Hou là là ! c'est une vraie étuve, ici ! s'exclama Jodie.

Ils entendaient les borborygmes des jets d'eau. La surface du Jacuzzi était entièrement couverte de mousse.

— Il n'est pas là, constata Adam en refermant la porte. Essayons le vestiaire des hommes.

— Je vais voir chez les femmes, dit Jodie.

Adam fronça les sourcils.

— Que veux-tu qu'il fasse là-bas ?

— L'auberge est déserte, expliqua Jodie. Et tu connais l'humour biscornu de Matt.

Sarah attendit à côté du bassin pendant qu'Adam et Jodie allaient inspecter les vestiaires. Soudain, elle aperçut quelque chose, par terre dans un coin. Ça ressemblait à un de ces bonnets de bain pour femme. Intriguée, elle alla le ramasser... et elle écarquilla les yeux. A l'intérieur, il y avait plusieurs cheveux roux !

Elle entendit un bruit du côté des vestiaires et jeta prestement le bonnet dans le bassin, où il fut avalé par la mousse. Profondément ébranlée, elle s'obligea à respirer plusieurs fois, lentement. D'abord elle trouvait le couteau et les vêtements mouillés dans son sac à dos. Et maintenant, ce bonnet de bain avec des cheveux roux ! Comment était-ce possible ?

— Sarah ?

Elle sursauta.

— Oui ?

Jodie la regardait curieusement.

— Tu vas bien ? Tu avais une expression vraiment bizarre.

— Ça doit être l'air de cette pièce, improvisa-t-elle. C'est irrespirable, ici, ça ira mieux dehors.

Un instant plus tard, Adam revenait en secouant la tête.

— Rien.

Ils allèrent voir la salle d'haltérophilie et le court de squash avant de retourner dans le couloir menant au corps principal du bâtiment. Là, ils jetèrent un coup d'œil dans le salon de télévision et dans la salle de jeux vidéo. Matt était introuvable.

— Qu'est-ce que tu en penses ? demanda Jodie à Sarah.

Celle-ci était toujours plongée dans la stupeur. C'était complètement aberrant. Totalement fou.

— Sarah ? insista Jodie. Je t'ai demandé ce que tu pensais, pour Matt.

— Le connaissant, répondit-elle enfin, c'est probablement encore une de ses blagues. En tout cas, je l'espère. Je ne vois pas d'autre explication.

Jodie se tourna vers Adam.

— Tu ne crois pas qu'il aurait pu lui arriver quelque chose, n'est-ce pas ?

— Qui sait ?

— Ce n'est pas la réponse qu'on attend de toi, Adam, fit Jodie avec impatience. Tu es censé dire : « Bien sûr que non, pourquoi serait-il arrivé quelque chose à Matt ? »

Adam esquissa un sourire.

— Désolé, je suis nul en répliques.

— Bon, où est-ce qu'on pourrait chercher, maintenant ? demanda Sarah.

Ils étaient debout au milieu du couloir. Adam se tourna vers la porte de la chambre 27 et l'ouvrit.

— Je ne sais absolument pas par où commencer les recherches, soupira-t-il en tournant le commutateur.

A l'intérieur, il y avait un lit et des commodes identiques à celles des chambres qu'on leur avait données. Il referma la porte.

— Il pourrait être dans une de ces chambres, dit-il en indiquant la rangée qui bordait le couloir. Elles ne sont pas fermées. Il doit y en avoir une bonne centaine, ici, il a pu entrer dans l'une d'elles et s'endormir.

— Qu'est-ce que tu veux faire ? demanda Jodie.

— On devrait peut-être simplement retourner se coucher, suggéra Sarah. Je suis quasiment sûre qu'il est en train de nous faire marcher et qu'il se pointera comme une fleur demain matin.

— Espérons-le, marmonna Adam.

De retour dans leur chambre, Sarah ferma la porte à clé et mit la chaîne de sûreté. Allongée sur son lit, elle eut du mal à trouver le sommeil. Il avait recommencé à pleuvoir, à verse. La pluie crépitait bruyamment contre les fenêtres. Mais ce n'était pas cela qui l'empêchait de dormir. Elle ne cessait de ressasser tous les phénomènes étranges qui se produisaient.

La disparition de Matt n'était pas le plus pesant de

ses soucis. Il les avait habitués à ce genre de blagues. Quant à la voiture, elle était probablement au garage, comme l'avait dit Sebastian. Mais comment expliquer tout le reste ? Le couteau et les vêtements mouillés dans son sac à dos, le bonnet de bain avec les cheveux roux, l'autobus rose, le fait qu'elle ait connu le nom Arcadie, qu'elle ait rêvé de la clairière et l'ait trouvée, qu'elle ait connu le plongeoir. Et Matt et Adam et Jodie qui prétendaient l'avoir vue dans des endroits où elle était certaine de n'être pas allée ? Et la porte qu'elle était sûre d'avoir fermée à clé ? Tous ces incidents auraient-ils pu n'être qu'une série de malentendus et de coïncidences ?

Le bonnet de bain, les vêtements mouillés et le couteau étaient les éléments qui la dérangeaient le plus. Matt avait emporté le couteau avec lui dans le Jacuzzi. Les mèches rousses dans le bonnet de bain indiquaient que quelqu'un qui avait les mêmes cheveux qu'elle y était allé aussi. Et les vêtements mouillés ? Quelqu'un les avait-il portés dans le bain bouillonnant ?

Y avait-il une personne ici qui se faisait passer pour elle ?

La voix de Jodie traversa l'obscurité.

— Sarah ?

— Oui ?

— A quoi tu penses ?

— Je me dis que cet endroit est vraiment louche.

— Et moi donc ! Même le cabanon de l'oncle d'Adam, au fin fond de la forêt, commence à m'inspirer plus que cette auberge.

En entendant le nom d'Adam, Sarah sentit de nouveau la jalousie lui transpercer le cœur.

Si seulement Jodie et Matt n'étaient pas là...

Pourquoi passait-elle son temps à se répéter cette phrase ?

— Tu es encore là ? demanda Jodie.

— Pardon, fit Sarah.

— Tu sais ce que je pense ? Dès qu'on aura retrouvé

Matt et récupéré sa voiture, j'ai envie de ficher le camp d'ici et de ne plus jamais y remettre les pieds.

Il était plus de trois heures du matin quand Sarah s'endormit enfin. Elle rêva qu'elle était de retour dans la clairière, assise en tailleur sur l'herbe au milieu d'un petit cercle de personnes. Doug, le garçon aux épaisses boucles blondes, était assis à côté d'elle. La fille qui s'appelait Ellen, dont les cheveux blonds étaient séparés par une raie au milieu, se trouvait de l'autre côté de Doug. A quelques pas de là, il y avait Mike, en jean et gilet de daim, sans chemise. Mike jouait de la guitare, la belle guitare rouge, les yeux fermés, comme perdu dans la musique. Tous les autres écoutaient. Sarah trouvait la mélodie monotone et lassante.

Elle ne pouvait s'empêcher de regarder Doug. Elle était totalement hypnotisée par sa tignasse blonde et broussailleuse, et son charme gamin. Un désir intense grandissait en elle. Soudain, Doug leva les yeux vers elle et surprit son regard. Il sourit, mais Sarah détourna vivement la tête.

Quelque temps plus tard, Sarah vit Doug prendre Ellen par la taille et l'attirer vers lui. Il lui dit quelque chose à voix basse, lui embrassa le lobe de l'oreille et se leva. Sarah le regarda s'éloigner dans la forêt. Elle aurait aimé pouvoir se lever et le suivre, mais quelque chose la retenait. Peu après, Ellen se leva à son tour, traversa la clairière et pénétra sous le couvert des bois.

Elle savait qu'Ellen allait rejoindre Doug. Son cœur brassait des émotions contradictoires. *Amour... jalousie... désir.* Mais elle se sentait surtout frustrée de devoir rester assise là à écouter cette ennuyeuse musique.

Mike n'ouvrit pas les yeux, ne cessa pas de jouer. Mais Sarah ne le regardait plus. Elle n'avait d'yeux

que pour l'endroit où Doug, puis Ellen avaient disparu. Elle voulait Doug.
Il fallait qu'elle l'ait...

20

Le lendemain matin, comme Matt n'avait pas reparu, ils décidèrent de se séparer pour se mettre à sa recherche. Ils commençaient à se demander si c'était vraiment une plaisanterie. Cela faisait terriblement longtemps qu'il était parti. Mais ils gardaient encore l'espoir qu'il se cachait quelque part, en attendant de les surprendre et de leur faire peur.

Jodie annonça qu'elle fouillerait les parties de la piscine et du Jacuzzi qu'ils n'avaient pas bien regardées la veille au soir. Malgré la pluie battante, Adam décida d'aller voir dehors. Et Sarah inspecterait l'auberge de fond en comble, même si cela signifiait qu'elle devrait chercher dans chacune des chambres vides.

Elle finissait d'examiner le rez-de-chaussée de son aile et s'apprêtait à retourner dans le hall lorsqu'elle aperçut Sebastian qui installait une grande échelle à côté de la cheminée. Près de lui, par terre, un seau en plastique jaune recueillait des gouttes de pluie qui tombaient des carreaux, au plafond.

— Bonjour, Sarah, dit-il. Vous avez bien dormi ?

— Pas trop mal, répondit-elle, quelque peu nerveuse à l'idée de se trouver seule avec lui.

Sebastian hocha lentement la tête, sans cesser de la regarder. Son insistance était vraiment embarrassante.

— Où sont vos amis ?

— Eh bien, justement, Matt a disparu et nous essayons de le retrouver.

— Disparu ?

Les sourcils broussailleux de Sebastian se haussèrent.

— Enfin, il aime bien faire des blagues, expliqua Sarah. Il doit s'être caché quelque part. Vous ne l'auriez pas vu, par hasard ?

Sebastian se frotta le menton.

— Matt... C'est celui avec les cheveux blonds ?

— Oui.

Il secoua la tête.

— Non, je ne l'ai pas vu. Mais il va forcément réapparaître. Il n'a pas dû aller bien loin, surtout par ce temps.

Il cala le haut escabeau sous l'endroit de la fuite, au plafond. Sarah le regarda grimper. Elle aurait dû retourner à la recherche de Matt, mais quelque chose la poussait à rester là.

— Puis-je vous poser une question ? demanda-t-elle à brûle-pourpoint.

— Bien sûr.

— Si l'on ferme sa porte de l'intérieur de la chambre, est-ce que quelqu'un peut ouvrir de l'extérieur sans se servir d'une clé ?

— Non, c'est impossible.

Il y avait vraiment de quoi y perdre la raison. Mais tout n'était-il pas surprenant, à La Nouvelle Arcadie ? Elle regarda Sebastian poursuivre son ascension.

— Le propriétaire doit être furieux que son plafond fuie, après tous les travaux qu'il a fait réaliser ici, remarqua-t-elle.

— Bah, je ne pense pas que ça le dérange trop, dit-il. Du moment que c'est réparé, j'entends.

— Qu'est-ce que vous allez faire ?

— Pour la fuite ?

Arrivé en haut de l'échelle, il commença à appuyer sur l'un des carreaux blancs.

— Eh bien, il faut que j'aille jusqu'au plafond d'origine pour voir d'où vient la fuite.

— Ce plafond-là n'est pas d'époque ?

— Oh ! non, ce n'est qu'un faux plafond. Il y en a

un autre, au-dessus, dans son intégralité. L'un des propriétaires précédents l'a fait couvrir.

Sebastian libéra plusieurs carreaux de l'armature métallique qui les maintenait en place.

— Puis-je voir le plafond d'origine ? demanda Sarah.

— Hein ? Oh, oui, si ça vous amuse.

Sebastian redescendit de l'échelle.

— Faites attention de ne pas tomber.

Sarah grimpa les barreaux, et glissa sa tête dans l'endroit dégagé par Sebastian. En regardant en l'air, elle se trouva devant un immense plafond tout en vitraux.

Le plafond qu'elle avait décrit à Matt la veille !

Elle ne s'était donc pas trompée ! Mais comment diable avait-elle pu connaître ce plafond ?

— Vous avez vu ce que vous deviez voir ? demanda Sebastian lorsqu'elle fut redescendue.

Sarah hocha la tête. Il s'adressait à elle d'une drôle de manière. Comme s'il savait déjà tout ce qu'elle découvrait.

— Depuis combien de temps ce plafond est-il recouvert ? le questionna-t-elle.

— Alors là... Depuis que je suis ici, en tout cas, c'est sûr.

— C'est-à-dire ?

Il se frotta de nouveau le menton.

— Voyons voir... Je dirais depuis presque toujours.

Le sang de Sarah se figea.

— Avant 1977 ?

Sebastian ferma un œil et contempla le faux plafond de l'autre, tout en réfléchissant.

— Oh, oui, bien avant ça.

Sarah fit un pas en arrière, saisie. S'il disait la vérité, alors ces vitraux étaient cachés depuis *avant* sa naissance !

Mais qu'est-ce que tout ça signifiait, bon sang ?

Prise d'un léger vertige, Sarah tourna rapidement les talons. Il fallait qu'elle trouve Adam. Elle ne savait pas exactement pourquoi, mais il fallait qu'elle soit avec lui. Elle allait retourner dans sa chambre enfiler son blouson et sortir le chercher.

En passant devant le salon de télévision, elle s'arrêta pour vérifier une nouvelle fois si Matt n'y était pas. Personne. Elle s'apprêtait à repartir lorsqu'elle entendit soudain le téléviseur se mettre en marche. Elle se figea. Il n'y avait personne, dans la pièce, il ne s'était tout de même pas allumé tout seul ?

Une image apparut sur l'écran. Une petite voix dit à Sarah qu'elle ne voulait pas savoir ce qu'il y avait, et elle fit demi-tour, mais son œil fut attiré malgré elle par une chose qui l'immobilisa sur place. Un frisbee volait à travers l'écran, et un petit chien noir et blanc, avec un bandana rouge autour du cou, bondissait pour l'attraper au vol.

Sarah resta à l'entrée de la pièce, fascinée. L'image fut bientôt remplacée par une autre, et elle reconnut instantanément la clairière. Celle qu'elle avait vue dans ses rêves et dehors. Comment pouvait-elle se retrouver dans un programme de télé ?

C'était impossible.

Sarah ne pouvait détacher ses yeux de l'écran.

Il y avait des gens dans la clairière, vêtus de T-shirts teints, de gilets en daim, à franges... les mêmes personnes que celles de son rêve.

Que faisaient-ils là ?

Qui avait allumé la télévision, d'ailleurs ?

Un garçon blond, torse nu, apparut sur l'écran, mais Sarah ne vit que son dos bronzé et quelques tours d'un collier de petites perles autour de son cou. Il traversait la clairière et se dirigeait vers un sentier, dans les bois.

Doug...

Sarah s'approcha du téléviseur, presque comme si elle suivait Doug.

Il se retourna et lui sourit. Ses longues mèches blondes retombaient sur son front. Puis il repartit.

Amour... jalousie... désir. Soudain, Sarah se rendit compte qu'elle était prête à pénétrer dans l'écran pour être avec lui, si cela avait été possible.

Doug continuait à marcher. Sarah reconnut le chemin qu'il empruntait. Bientôt, il se mit à longer un petit ruisseau.

Il va au bassin, songea-t-elle.

Et en effet, Doug arriva devant la piscine aménagée.

— Salut, Mike, dit-il d'une voix que Sarah avait déjà entendue en rêve.

L'image se posa alors sur le garçon à la guitare rouge, qui était assis sur le rocher servant de plongeoir, torse nu lui aussi. Il fredonnait une mélodie. C'était toujours la même rengaine, douce et monotone. Sarah se pencha et changea de chaîne, mais l'image resta la même. Elle augmenta le son, puis le réduisit, mais sans pouvoir modifier le volume.

Sur l'écran, à présent, quelqu'un apparaissait à côté de Mike. C'était Ellen. Elle portait un short en jean et un haut de bikini jaune.

— Salut, Ellen, dit Doug. Tu n'as pas vu Sharon ?

Ellen lui montra du doigt le bassin. Sarah reconnut quelqu'un qui nageait sous la surface miroitante de l'eau claire. Une fille, avec un T-shirt blanc noué à la taille et un short découpé dans un jean. Lorsqu'elle remonta à la surface, Sarah ne vit que ses cheveux, des cheveux d'un roux flamboyant, qui retombaient en longues boucles mouillées sur ses épaules.

La fille se dressa hors de l'eau, dos à l'écran. Au bord du bassin, Doug appela :

— Hé, Sharon !

En se retournant, elle secoua la tête et passa les doigts dans ses cheveux. Sarah remarqua que son T-shirt et son short étaient exactement les mêmes que ceux qu'elle avait retrouvés dans son sac à dos.

Et lorsque la fille se fut entièrement retournée, Sarah se trouva en face de quelqu'un... qui lui ressemblait trait pour trait.

21

Elle courait. Elle ne savait pas où elle allait mais il fallait qu'elle s'enfuie. Loin de cette télévision, loin de cette auberge. Elle enfonça une porte et sortit sous la pluie battante.

Qui est Sharon ? Pourquoi me ressemble-t-elle autant ? Comment ai-je pu rêver la scène que je viens de voir à la télévision ?

Pourquoi est-ce que j'ai l'impression de déjà tout connaître, ici ?

Elle courait à la lisière de la forêt. La pluie s'écrasait contre son visage et commençait à traverser son pull et ses chaussures. Mais Sarah s'en moquait bien. Elle n'avait qu'une idée en tête : fuir.

— Sarah !

C'était une voix d'homme, qu'elle ne reconnut pas. Est-ce qu'il la suivait ?

— Sarah ! Stop ! Il faut revenir !

Elle se retourna et, au même instant, son crâne heurta quelque chose de dur.

Bang !

Et ce fut le néant.

Sarah était assise sur une chaise en bois, dure et inconfortable. Elle essayait de remuer bras et jambes, mais ses chevilles et ses poignets étaient retenus par d'épaisses lanières en cuir fixées à la chaise. Dessus, il y avait des boucles, comme pour des ceintures. Elle avait beau se débattre, impossible de se libérer.

Elle sentit un courant d'air sur sa nuque. On lui avait rasé les cheveux, et sa tête était sous quelque chose qui ressemblait à un chapeau métallique.

La pièce était nue et vide. Les murs en parpaings gris bruts. Accroché à l'un d'eux, il y avait un de ces calendriers que l'on effeuille jour après jour. La date était celle du 19 mars 1977. De l'autre côté de la pièce, elle vit une porte avec une petite fenêtre ronde. Le visage austère d'un homme apparaissait derrière. Il portait un col blanc autour d'une chemise noire, on aurait dit un prêtre. Il se signa.

— Le gouverneur a refusé le sursis d'exécution de dernière minute, annonça une voix. Avez-vous une dernière requête à formuler ?

— Aaaah !

— Tout va bien, Sarah, tout va bien.

Deux mains la plaquaient allongée sur le lit. Elle ouvrit les yeux et vit Jodie, assise à côté d'elle. Adam se tenait au pied du lit, et Sebastian était debout sur le seuil de la chambre.

Elle se redressa sur ses coudes.

— Où suis-je ? demanda-t-elle d'une voix étranglée. Que s'est-il passé ?

Soudain, à sa tempe, elle sentit palpiter une douleur si vive qu'elle dut se rallonger. Elle se rendit compte qu'elle était sous une couverture, vêtue de son sweat-shirt rouge. Elle lança un regard interrogateur à Jodie.

— Tu es rentrée dans un arbre, expliqua celle-ci.

— Assez violemment pour t'évanouir, ajouta Adam.

Sarah jeta un coup d'œil vers Sebastian.

— C'est Sebastian qui t'a trouvée, dit Adam. Je suis tombé sur lui alors qu'il te ramenait à l'auberge. On t'a installée ici.

Sarah regarda Jodie, alarmée.

— Ne t'inquiète pas, je les ai fait sortir pendant que je te débarrassais de tes vêtements trempés, expliqua Jodie.

Peu à peu, le souvenir de ce qui l'avait poussée à cette fuite éperdue revint à Sarah.

— Il faut partir d'ici ! s'écria-t-elle en essayant de s'asseoir. Vraiment, il faut qu'on parte, tout de suite !

Jodie la fit doucement se rallonger.

— Essaie de te calmer, Sarah. Tout va bien.

— Non, tout ne va pas bien !

Elle commença à secouer la tête, mais la douleur lui fit pousser un gémissement.

— Oh...

— Maintenant qu'elle est réveillée, suggéra Sebastian, vous pourriez peut-être lui faire prendre l'aspirine que je vous ai donnée.

— Je vais chercher de l'eau.

Adam bondit sur ses pieds et alla dans la salle de bains. Sarah entendit couler le robinet, et il revint avec un verre qu'il tendit à Jodie. Cette dernière plaça deux longues gélules blanches dans la main de Sarah.

— Tâche d'avaler ça, ça va soulager ta tête.

Sarah porta la main à sa bouche, puis elle réalisa que les cachets venaient de Sebastian. Soudain, elle s'interrompit et les contempla.

— C'est seulement de l'aspirine, la rassura Jodie.

Sarah eut un faible sourire. Pourquoi était-elle si méfiante ? Peut-être parce que plus rien n'avait de sens.

Elle mit les gélules dans sa bouche et avala une gorgée d'eau. C'était dur à avaler, mais elle réussit à les faire descendre.

— Tu devrais te rallonger et te reposer, lui conseilla Jodie. On est là, on va s'occuper de toi.

Sarah se laissa aller en arrière en se demandant si Jodie serait aussi gentille si elle savait, pour elle et Adam. Sa tête avait à peine touché l'oreiller qu'elle se redressa soudain comme un ressort.

— Qu'est-ce qu'il y a encore ? demanda Jodie.

— Matt. Vous l'avez retrouvé ?

— Non, répondit Adam. Mais Sebastian nous a dit qu'il allait nous aider à le chercher.

Sarah contempla Jodie, les yeux hagards.

— Vous n'allez pas me laisser toute seule ?

— Il n'en est pas question, répliqua Jodie. Je laisse

les garçons s'en charger et, à partir de maintenant, je ne te quitte plus des yeux.

— Ah, bon.

Sarah se renfonça dans les oreillers, soulagée. Elle ne tenait pas particulièrement à rester seule avec Jodie, mais les circonstances ne lui laissaient guère le choix.

— Bon, on va s'y mettre, dit Adam en se levant. Vous êtes sûres que ça va aller ? demanda-t-il en regardant alternativement les filles.

— Non, mais on fera avec, répondit Jodie.

— O.K. A tout à l'heure.

Adam se pencha et déposa un baiser sur le front de Jodie. Malgré son malaise, Sarah fut déchirée par un élan de jalousie.

Un instant plus tard, Jodie refermait la porte à clé derrière Adam et Sebastian. Puis elle s'effondra dans le fauteuil qu'elle avait tiré près du lit. Pendant une fraction de seconde, leurs regards se croisèrent.

Je la déteste... Cette pensée s'imposa subitement au cerveau de Sarah. Pourquoi ? se demanda-t-elle. A cause d'Adam ?

— Tu es rentrée dans un arbre, dit enfin Jodie.

Sarah hocha la tête. La télévision... la fille qui était son sosie... Les vêtements, les mêmes que ceux qu'elle avait trouvés dans son sac à dos...

— Je peux te demander comment tu as fait ton compte ?

— Je n'en sais rien, répondit Sarah. Je courais, je n'ai pas dû le voir.

— Je croyais que tu devais chercher Matt dans l'auberge.

— C'est ce que j'ai fait, et puis...

— Et puis tu as décidé d'aller plutôt courir sous la pluie, compléta Jodie.

Son ton ne plut pas à Sarah. Il avait quelque chose de suspicieux.

— Pourquoi cet interrogatoire ?

Jodie poussa un long soupir, puis se leva et alla vers la commode. Elle ouvrit un tiroir et en sortit le couteau de l'armée vert, dans son étui.

— Ça te rappelle quelque chose ? demanda-t-elle.

Sarah fit signe que oui.

— Je l'ai trouvé dans ton sac à dos en cherchant un sweat-shirt, dit Jodie. Tu peux me dire comment il est arrivé là ?

— Je ne sais pas.

— La dernière fois que j'ai vu ce couteau, c'était Matt qui l'avait. Il partait pour le Jacuzzi. Je croyais qu'aucun d'entre nous ne l'avait revu depuis.

— C'est vrai.

— Sauf que tout d'un coup, tu te retrouves avec un short et un T-shirt mouillés, et ce couteau.

— Je te jure, Jodie, je ne comprends pas d'où ils viennent. Quant au couteau, j'ai cru que toi ou Matt l'aviez mis dans mon sac.

— Pourquoi tu n'en as pas parlé ?

— Je... j'avais peur. Il s'est passé tellement de choses incompréhensibles. Je ne voulais pas que vous me les reprochiez à moi.

— Pourquoi te reprocherait-on ces choses ?

— Je n'en sais rien. Mais je le craignais.

Jodie secoua la tête et contempla le plafond.

— Ce sont les vacances les plus bizarroïdes de toute ma vie.

— Je sais, dit Sarah. C'est pour ça qu'à mon avis on devrait déguerpir d'ici immédiatement. Avant qu'il ne se passe encore quelque chose de grave.

— Tu crois qu'il est arrivé quelque chose de grave à Matt ? interrogea Jodie.

Un pressentiment insolite s'empara de Sarah. Elle n'aurait pas su l'expliquer, mais, soudain, elle eut la certitude qu'il était réellement arrivé quelque chose de grave à Matt. Et que, d'une façon ou d'une autre, c'était elle la responsable.

22

Sarah passa le reste de l'après-midi à somnoler. Les rêves allaient et venaient, presque tous impliquaient Doug, Ellen, Mike et l'Arcadie. Mais cela se déroulait dans l'ancienne auberge de l'Arcadie, avec des détails tels que le plafond en vitraux dans le hall. Sarah avait cessé de s'interroger sur la raison pour laquelle elle était au courant de ces choses. Cependant, une angoisse la tenaillait, l'avertissant que si elle ne quittait pas cet endroit au plus vite, d'autres actes irréparables allaient se produire.

Jodie était assise à côté d'une lampe de bureau, elle lisait. Le couteau militaire était posé sur ses genoux. Quelque chose avait changé, remarqua Sarah. Jodie ne lui faisait plus confiance.

Elles ne revirent Adam qu'au dîner. Lorsqu'il frappa et entra seul, elles comprirent qu'il n'avait pas retrouvé Matt. Il se laissa tomber sur une chaise et retira ses chaussures de randonnée.

— On a marché toute la journée, gémit-il. J'ai les pieds en compote.

Soudain, son regard se posa sur le couteau.

— D'où il vient ? demanda-t-il à Jodie.

— Du sac à dos de Sarah. Elle dit qu'elle n'a aucune idée de la façon dont il s'est retrouvé là.

— C'est vrai ? demanda Adam en se tournant vers Sarah.

Elle fit signe que oui.

— Encore un phénomène bizarre, dit Adam d'un air soucieux.

Imagine s'ils savaient, pour la télévision, se dit Sarah.

— Qu'est-il arrivé à Matt, à ton avis ? demanda-t-elle.

Lentement, Adam secoua la tête.

— Je pense que s'il avait voulu se payer notre tête, la plaisanterie serait déjà terminée depuis longtemps.

— C'est ce que je pense aussi, dit Sarah.

Sa tête se mettait à bourdonner chaque fois qu'elle songeait à Matt.

— Il a peut-être décidé d'aller chercher lui-même la voiture, suggéra Jodie. Il se sera fait prendre en stop.

— Par qui ? demanda Adam. Et puis, il nous aurait prévenus, non ?

Ils gardèrent un moment le silence. Adam avait raison, bien sûr, mais Sarah préférait ne pas envisager le pire. Aucune éventualité n'était rassurante. Certaines étaient terrifiantes.

— Quelqu'un a vu Sebastian ? demanda-t-elle.

Adam parut surpris.

— Tu veux dire qu'il n'est pas revenu ?

Jodie secoua la tête.

— On s'est séparés dans les bois, expliqua Adam. Il a dit qu'il repasserait ici pour voir si vous alliez bien, toutes les deux.

— Super, grogna Jodie. Et il se volatilise encore une fois.

— Il est peut-être parti pêcher pour le dîner ? hasarda Sarah avec espoir.

Elle regarda Adam et Jodie échanger un regard. Puis Jodie se tourna vers elle.

— Tu n'entends pas ?

Sarah se tut et, soudain, elle se rendit compte que le vent hurlait et que la pluie cinglait les carreaux.

— C'est un véritable déluge, maintenant, dit Adam. Ça n'a fait qu'empirer depuis le début de l'après-midi. Franchement, ça m'étonnerait beaucoup qu'il soit parti à la pêche.

A peine eut-il prononcé ces paroles que les lumières s'éteignirent.

— Adam ? Jodie ? appela Sarah avec inquiétude, les yeux grands ouverts dans l'obscurité.

— Tout va bien, Sarah, dit Adam. Jodie ?

— Je suis là.

— Qu'est-ce qui s'est passé ? demanda Sarah.

— Coupure de courant, expliqua Adam. C'est l'orage. Il va sans doute falloir attendre quelques minutes. Si c'est un problème à la centrale, ils rétabliront l'électricité assez vite. Si c'est une ligne qui a sauté, ça prendra un bout de temps.

Ils attendirent dans le noir pendant plusieurs minutes.

— Adam, dit Jodie, je me fiche de savoir ce qui cloche. J'ai horreur d'être assise comme ça dans le noir. Tu ne veux pas essayer de faire quelque chose ?

— D'accord, dit-il. Je vais chercher la torche dans ma chambre. Ne bougez pas.

— Même si on le voulait, on en serait bien incapables, dit Sarah avec nervosité.

— Tu veux le couteau ? lui demanda Jodie.

Pendant une seconde, ils furent assourdis par le fracas d'un coup de tonnerre, puis Adam répondit :

— Non, garde-le, toi.

Elles entendirent la porte s'ouvrir, et Adam traversa le couloir.

— Qu'est-ce qu'on ferait sans lui... murmura Sarah.

— C'est vrai, fit Jodie. Il est incroyablement courageux. La seule idée de quitter cette chambre pour m'aventurer dans le noir... il faudrait vraiment qu'un incendie se déclare pour m'y contraindre.

— Ne parle pas de malheur, souffla Sarah d'une voix blanche. Tu vas nous porter la poisse.

— Tu as raison. Je commence vraiment à m'inquiéter, pour Matt. Pas toi ?

— Si.

La disparition de Matt lui faisait froid dans le dos, mais elle avait bien d'autres sujets d'anxiété. Et si incroyable que cela paraisse, elle avait le sentiment que ses inquiétudes étaient reliées par un fil conducteur. Depuis qu'ils étaient arrivés dans cette auberge, presque tout était possible.

— Sarah ? fit Jodie dans le noir.

— Oui ?

— Je trouve ça plus rassurant quand on parle, dit-elle. Comme si les mots remplissaient la chambre, ou quelque chose.

— Oui, je comprends.

— On dirait vraiment que tout, absolument tout va mal. Au fait, comment tu te sens ?

— Mieux, merci.

Les pensées de Sarah se remirent à dériver vers ce qu'elle avait vu à la télévision. C'était le phénomène le plus fou de tous.

— Sarah ? appela Jodie.

— Oh, pardon, j'oubliais que j'étais censée meubler les silences.

— J'espère que je ne te force pas.

— Non, moi aussi, je préfère.

— Tant mieux. Tu ne trouves pas qu'Adam met un temps fou à revenir ? Il n'y a que le couloir à traverser.

— Tu veux que j'aille voir ce qui se passe ? demanda Sarah.

Déjà, elle repoussait ses couvertures.

— Non ! s'écria Jodie.

Sarah comprit au son de sa voix qu'elle était terrifiée.

— C'est peut-être moi qui devrais te demander si tu vas bien, remarqua-t-elle.

— Ça va, je suis juste morte de frousse. Et vraiment, je n'ai aucune envie de me retrouver toute seule ici dans le noir.

La porte s'ouvrit et Sarah cligna des yeux sous le faisceau de la lampe.

— Désolé d'avoir mis si longtemps, dit Adam en refermant derrière lui. J'ai eu du mal à trouver, dans le noir.

— Alors, qu'est-ce qu'on fait, maintenant ? demanda Jodie.

— Je propose qu'on descende à la réception, dit Adam. Il y a un téléphone. Même si je dois forcer la serrure du bureau, je crois qu'il est temps qu'on appelle quelqu'un.

— Ça me paraît une bonne idée, approuva Jodie.

— A moi aussi, fit Sarah, mais j'aimerais mieux m'habiller, d'abord.

— Ah oui, j'avais oublié, s'exclama Jodie. Adam, tu nous prêtes ta lampe électrique ?

— Bien sûr, tiens.

— Alors, soit tu fermes les yeux, dit Sarah, soit tu vas attendre dans le couloir.

— Je ferme les yeux, déclara Adam.

Jodie éclaira Sarah, mais, alors qu'elle commençait à se lever, Jodie dirigea le faisceau lumineux sur Adam, qui se couvrait les yeux de la main.

— Une minute, qu'est-ce qui nous dit que tu ne regardes pas à travers tes doigts ?

— Parole de scout, répondit-il.

— Tu n'es pas scout, rétorqua Jodie. Tu veux bien aller attendre dans le couloir ?

— Vous n'êtes pas drôles, les filles, protesta Adam.

Jodie garda la lumière braquée sur lui jusqu'à ce qu'il soit dehors.

— Et interdit d'épier par le trou de la serrure, hein ?

— D'accord, d'accord.

La porte refermée, elles ne songèrent plus à plaisanter, saisies de nouveau par le côté sinistre de la situation. Ils étaient cloués là dans le noir. Matt avait disparu. Il semblait impossible de quitter l'auberge.

Sarah prit la lampe des mains de Jodie et sortit ses affaires de son sac. Elle prit un autre jean et enfila un col roulé bleu sous le sweat-shirt rouge.

— C'est bon, dit-elle. Allons-y.

Adam les attendait toujours dans le couloir. Sarah lui tendit la lampe et ils se dirigèrent vers le hall.

— Si vous étiez gardien ici, avec l'électricité coupée, et que vous sachiez qu'il y a des gens dans leur chambre, est-ce que vous ne viendriez pas prendre de leurs nouvelles ? demanda Adam tandis qu'ils marchaient.

— Si, répondit Sarah.

— Alors où est Sebastian ? questionna Jodie.

— Sincèrement, je commence à pédaler dans la choucroute, soupira Adam.

Il n'y avait pas non plus de lumière dans le hall. Adam se rendit dans le bureau de la réception et essaya d'ouvrir la porte.

— C'est toujours fermé à clé, dit-il. Attendez-moi ici.

— Où vas-tu ? s'alarma Jodie.

— Seulement à la cheminée.

Elles le regardèrent s'approcher du foyer en pierre, ramasser quelque chose et revenir.

— Eclaire la porte du bureau, demanda-t-il en tendant la lampe à Sarah.

Elle obéit, dirigeant le faisceau lumineux sur la porte en verre et en bois. Adam se posta à côté, et elle vit qu'il tenait le tisonnier entre les mains. Il le projeta contre la vitre, à hauteur de la poignée.

Le panneau de verre se brisa avec fracas. Adam passa une main par l'ouverture et ouvrit le verrou de l'intérieur.

— Bon, j'ai besoin de la lampe, maintenant.

Sarah la lui tendit, et il enjamba précautionneusement les morceaux de verre. De l'autre côté de la cloison, les filles le regardèrent soulever le combiné du téléphone.

— Manquait plus que ça !

— Qu'est-ce qui ne va pas ? demanda Jodie.

Adam se tourna vers les filles. A la lueur de la lampe électrique, son expression était sombre.

— La ligne est coupée.

23

Pour économiser les piles de la lampe et se réchauffer un peu, ils décidèrent de refaire du feu dans la cheminée. Adam échafauda une pyramide de journaux, petit bois et bûches, et bientôt, une agréable flambée illuminait le hall de ses lueurs vacillantes et orangées.

— En tout cas, déclara Sarah, on peut remercier Sebastian pour une chose : on a une montagne de bois sec à notre disposition.

— Ouais, mais à part ça ? fit Jodie avec amertume.

— Il nous a aussi permis de rester ici.

— Je commence à croire qu'on aurait mieux fait de passer la nuit dans la voiture, grogna Jodie.

— Peut-être, mais dans ce cas, on aurait entamé ton stock de nourriture lyophilisée hier, au lieu de ce soir, remarqua Adam.

— En ce qui me concerne, je ne pourrais rien avaler pour l'instant, affirma Sarah.

— Evidemment, avec tout ce qui se passe, ça paraît sans doute mesquin de parler bouffe, dit Adam. Mais figurez-vous que j'ai les crocs, moi.

— A vrai dire, je grignoterais bien un morceau, moi aussi, avoua Jodie.

— Les paquets sont toujours dans mon sac, dit Sarah.

— Bon, déclara Adam. J'y vais. Vous préférez venir avec moi ou rester ici ?

— Le feu est bien parti ? demanda Jodie.

— Il ne risque pas de s'éteindre avant un bout de temps.

— Dans ce cas, je pense qu'on va rester. Tâche de faire vite.

Elles regardèrent Adam partir dans le couloir, sa lampe de poche à la main.

— Tu te rends compte de ce qu'on deviendrait si Adam disparaissait, lui aussi ? demanda Jodie.

— Oh, non ! Arrête !

Adam revint assez rapidement avec les sachets de lyophilisés, ainsi qu'un petit réchaud. Bientôt, les fameux œufs brouillés étaient prêts. Ils mangèrent en silence, jusqu'à ce que Sarah prenne la parole :

— Ça fait vingt-quatre heures qu'on n'a pas vu Matt.

— Je sais, fit Adam.

— J'ai peur, murmura Jodie. C'est pas normal. Il lui est arrivé quelque chose.

— Jusqu'à preuve du contraire, il ne lui est rien arrivé du tout, déclara Adam. Si on commence à imaginer n'importe quoi, on va tous péter les plombs.

— Mais... T'as pas la trouille, toi ? insista Jodie. C'est pas normal, je te dis.

— Ecoute, faut pas voir tout en noir. Si ça se trouve, il s'est passé un truc tout bête, et on s'angoisse pour rien.

— Comme quoi, par exemple ? intervint Sarah.

— Eh bien... Supposez que Matt soit parti sur la route, pour une raison ou une autre, et qu'en chemin une voiture l'ait pris en stop jusqu'à la ville, ou jusqu'au garage. Imaginons qu'ils n'aient pas fini de réparer la voiture : il est obligé de rester là-bas. Il essaie de nous appeler, mais personne ne répond au téléphone qui se trouve dans le bureau. Enfin, la voiture est prête, il veut revenir nous chercher, mais la route est ravinée par l'orage, impossible de passer. Il ne peut pas nous prévenir, non plus, puisque la ligne est coupée.

— Je ne sais pas si c'est le vrai scénario, remarqua Sarah, mais tu ne manques pas d'imagination.

— Merci, Sarah.

Mais, immédiatement, Adam posa son assiette et les regarda.

— Vous voulez que je vous dise ? Moi non plus, je ne crois pas un mot de ce que je viens de raconter. Il y a quelque chose qui m'échappe. Il a dit qu'il allait au Jacuzzi. Qu'est-ce qui a bien pu se passer ?

— Des tas de choses, répondit Jodie.

— Comme quoi ?

— Comment savoir ? Tout peut arriver, ici. On a vu Sarah courir dans les bois, alors qu'elle jure que ce n'était pas elle. On a vu Matt partir avec le couteau, et le couteau s'est mystérieusement retrouvé dans les affaires de Sarah. Elle t'a raconté, pour les fringues mouillées ?

— Non, fit Adam en fronçant les sourcils. Quelles fringues ? C'est quoi encore, cette histoire ?

— J'ai trouvé un T-shirt et un short dans mon sac à dos, expliqua-t-elle. Ils étaient mouillés, et je ne les avais jamais vus avant.

Du moins... pas avant que la télévision ne s'allume... Mais ça, malheureusement, elle ne pouvait pas leur en parler.

— Qui a bien pu les mettre là ? s'étonna Adam.

Sarah et Jodie se regardèrent en haussant les sourcils, aussi perplexes l'une que l'autre.

— Ça devient complètement louf, déclara Adam en levant les yeux au ciel.

Il secoua la tête et mit les mains sur les hanches.

— A moins que Sebastian ne soit derrière tout ça.

— Mais on ne le voit presque jamais, remarqua Jodie.

— Je sais, soupira Adam.

Il contempla le sol, puis, soudain, il reprit sa lampe électrique et se leva.

— Où tu vas ? s'inquiéta Jodie.

— Je sais que c'est absurde, mais depuis que Matt a disparu, j'ai cette sensation bizarre qu'il est toujours quelque part dans le Jacuzzi. Je vais juste aller vérifier une dernière fois.

— Maintenant ? s'exclama Sarah.

— Oui. Je vous promets que je ne serai pas trop long.

— Et nous ? demanda Jodie.

— Vous n'avez rien à craindre, ça ira très bien pour vous. Restez ensemble et attendez-moi ici, près du feu. Vous savez rajouter des bûches, non ?

— Ça n'a pas l'air de réclamer trop de cervelle, dit Sarah.

— O.K. Alors à toute...

Les filles le regardèrent partir une nouvelle fois. Puis Sarah se tourna vers Jodie et vit qu'elle avait croisé les mains et fermé les yeux.

— Qu'est-ce que tu fais ?

Jodie rouvrit les paupières.

— Je prie pour qu'il revienne.

24

Après le départ d'Adam, Jodie et Sarah changèrent de fauteuil pour se rapprocher de la cheminée.

— Je ne comprends vraiment pas pourquoi il a fallu qu'il y retourne maintenant, dit Jodie.

— Parce que Matt est son meilleur ami. Il n'a pas cessé un instant de le chercher, depuis qu'on a constaté sa disparition.

— Oui, tu as sans doute raison, soupira Jodie.

Elle frissonna, malgré le feu, et serra frileusement les bras autour d'elle.

— J'ai tellement envie de m'en aller d'ici.

Sarah, elle aussi, aurait voulu que Jodie s'en aille. Pour toujours. Et lui laisse Adam.

Elle secoua la tête. Mais d'où lui venaient ces pensées venimeuses ? Elle avait presque l'impression que c'étaient celles d'une autre personne. Son humeur était de plus en plus instable, elle semblait constamment changer. A certains moments, cet endroit la terrifiait, à d'autres, elle rêvait d'y être seule avec Adam. Elle se rendait compte, petit à petit, que son attitude envers La Nouvelle Arcadie était en train d'évoluer. Ce n'est pas qu'elle raffolait de cet endroit, mais, par moments, elle avait l'impression insolite d'y être chez elle.

Pendant de longues minutes, elles restèrent tranquillement assises au coin du feu. Les bûches se consumaient en crépitant. Pauvre Jodie, songea Sarah. D'eux tous, c'était elle la plus candide, la moins soupçonneuse.

— Jodie ?

— Oui ?

— Je peux te poser une question complètement idiote ?

— Euh, oui, vas-y.

— Qu'est-ce que tu ferais si tu apprenais qu'Adam a embrassé une autre fille ?

Jodie la contempla, les yeux ronds comme des billes.

— Pourquoi tu me demandes ça ?

— Je n'en sais rien, mentit Sarah. Comme ça, histoire de dire quelque chose.

— Je le tuerais, évidemment, répondit Jodie.

— Non, sérieux.

— Mais je suis sérieuse.

— Allez, réponds-moi honnêtement.

— C'est vraiment bizarre, de vouloir parler de ça maintenant, remarqua Jodie.

— Tu as un meilleur sujet de conversation ?

— Hmmm.

Jodie appuya un doigt contre ses lèvres.

— D'accord. Qu'est-ce que je ferais ? Je serais probablement furieuse et peinée. Oh, et je lui dirais sûrement que s'il recommençait, ça serait fini entre nous.

Sarah hocha la tête et plongea son regard dans l'âtre. Elle tournait distraitement la bague autour de son doigt. Après tout, ce que pensait Jodie ne lui importait guère. Jodie n'était qu'un détail dans le tableau. Sarah ne laisserait jamais Ellen se mettre entre elle et Doug...

Ellen... ? Doug... ? Pourquoi venait-elle de penser à eux ? Qu'avaient-ils à voir là-dedans ?

— Je peux te demander quelque chose ? dit à son tour Jodie.

L'estomac de Sarah se noua.

— Je t'écoute.

— Tu redoutes qu'une chose de ce genre puisse arriver à Matt ?

C'était bien le cadet de ses soucis. La seule chose que faisait Mike, c'était gratter sa guitare toute la journée.

Mike... ?

Jodie lui avait parlé de Matt, pas de Mike. Sarah se frotta les yeux. Pourquoi son esprit dérapait-il constamment comme cela ? Pourquoi n'arrivait-elle plus à rien maîtriser ?

— Je pense qu'on se pose toujours plus ou moins la question, répondit-elle.

— C'est drôle, pas moi. C'est peut-être idiot, ce que je vais te dire, mais je ne pense pas qu'Adam pourrait faire une chose pareille.

— Mais si ce n'était pas Adam ? insista Sarah. Je veux dire, si c'était une fille qui l'embrassait ?

— Tu veux dire, une fille qu'il n'aurait pas envie d'embrasser ? Elle l'aurait pris par surprise, en quelque sorte ?

— Euh... pas exactement. Mais imagine qu'il s'intéresse un peu à une fille, et qu'elle s'intéresse à lui, et qu'ils finissent par s'embrasser, comme ça ?

— Qu'est-ce qu'ils feraient ensemble, d'abord ?

— Ça pourrait se passer pendant une fête, par exemple, suggéra Sarah.

Jodie ramassa une brindille qu'elle jeta dans le brasier. Sans rien dire, elles la regardèrent s'enflammer et se consumer.

— Je ne sais pas, Sarah. Ça fait beaucoup de suppositions, tout de même. J'ai un peu de mal à suivre, à vrai dire. Mais bon, en gros, je lui demanderais de me promettre qu'il ne la reverra plus.

— D'accord, alors laisse-moi émettre une dernière hypothèse, dit Sarah. Imagine que la fille sorte avec le meilleur ami d'Adam ?

Jodie lui jeta un regard incrédule.

— Tu es vraiment inquiète pour Matt et moi, on dirait ?

— Eh bien, c'est-à-dire...

En réalité, elle se fichait bien de ce que pouvait faire Matt, mais autant laisser Jodie se méprendre.

— J'ai toujours pensé que cela devait t'ennuyer, reprit Jodie. C'est vrai, c'est parfaitement compréhensible. On est sortis ensemble pendant presque deux ans, tous les deux. Généralement, quand ce genre de relation se termine, on ne reparle plus jamais à l'autre. Ça doit te paraître étonnant qu'on soit restés copains, Matt et moi.

— Un peu, oui.

— Pour tout t'avouer, ça m'a étonnée, moi aussi, dit Jodie en souriant. Et pourtant, ça s'est fait tout seul. Ça n'a même pas eu l'air de l'embêter quand j'ai commencé à voir Adam. C'est fou, non ? Je suis passée de lui à son meilleur ami. J'aurais cru que ça le tuerait.

C'est peut-être le cas...

A cet instant, elles entendirent un bruit de pas et se retournèrent. Adam revenait vers elles. Les manches de son pull et ses jambes de pantalon étaient mouillées. A la lueur du feu, il leur parut livide.

— Je... J'ai retrouvé Matt, bredouilla-t-il.

25

— Où est-il ? demanda Jodie.

Avant qu'Adam ne puisse répondre, l'image se forma avec une effroyable netteté dans l'esprit de Sarah. Un corps rougi flottant dans le bain bouillonnant...

— Il est mort, annonça Adam.

Jodie poussa un cri étranglé et porta une main à sa bouche.

— Je n'ai rien pu faire, c'était trop tard.

Adam s'assit au coin de la cheminée, les mains jointes, la tête baissée.

— Il a dû rester très longtemps dans l'eau... Et à cette température...

Il se tut quelques instants, puis reprit la parole d'une voix altérée :

— On ne l'a pas vu la première fois à cause de la mousse, à la surface du bassin.

Jodie se jeta dans les bras de Sarah en sanglotant. Curieusement, Sarah n'éprouvait aucune émotion. Ne pouvait-elle pas admettre le fait que Matt était mort ? Etait-elle en état de choc ? Pourquoi cela lui était-il égal ?

— Qu'est-ce qui t'a poussé à aller vérifier dans le Jacuzzi ? demanda Jodie en essuyant les larmes de ses yeux avec sa manche.

— Je ne sais pas, murmura Adam en chassant lui aussi une larme avec la paume de sa main. J'avais cette espèce de prémonition. J'ai dû y penser déjà hier, mais l'idée était tellement monstrueuse que je n'ai pas pu me résoudre à aller voir si c'était vrai. Vous voyez ce que je veux dire ?

Sarah se rendit compte qu'il la regardait en parlant. Comme s'il était désolé pour elle. Comme s'il s'excusait parce que Matt était son petit ami. Elle hocha la tête, engourdie. Elle ne trouvait rien à dire.

— Où tu l'as laissé ? demanda-t-elle enfin.

— Dans le vestiaire. Je ne savais pas quoi faire d'autre.

Les épaules d'Adam furent saisies d'un tremblement.

— On ne devrait pas l'enterrer ou quelque chose ? interrogea Jodie.

— Tu veux dire, aller dehors ? fit Adam.

— Enfin, je ne sais pas...

Jodie hésita et essuya un nouveau flot de larmes.

— On devrait au moins appeler la police.

— Ah oui ? Et comment ? demanda Adam. La ligne est coupée. Sebastian a encore disparu. Et on ne peut pas partir d'ici à pied, on est paumés en pleine nature.

Sarah s'entendit alors poser une question :

— Vous pensez que Sebastian aurait quelque chose à voir là-dedans ?

Elle savait, cependant, que cette suggestion ne venait pas d'elle. Mais si cela ne venait pas d'elle, ça venait de qui ?

Jodie la considéra avec stupeur.

— Tu veux dire, tu crois qu'il aurait tué Matt ?

— Pourquoi pas ? intervint Adam. Le thermostat était réglé à la puissance maximale. Matt aurait pu s'assoupir et se noyer, mais dans une eau aussi brûlante, j'ai du mal à le croire. C'est vrai, il serait plutôt sorti, non ? J'ai repensé aux vêtements mouillés et au couteau trouvés dans les affaires de Sarah. Si c'était Sebastian qui les avait mis là pour essayer d'incriminer Sarah ?

Etait-ce possible ? se demanda Sarah. Mais comment Sebastian aurait-il pu allumer la télévision ? Comment la télévision avait-elle pu montrer les endroits précis et les personnages dont elle avait rêvé ?

— Mais qu'est-ce qu'on va faire ? gémit Jodie. Vous vous rendez compte ? Matt est mort ! Il est MORT ! Je veux rentrer à la maison !

— Pas ce soir, en tout cas, fit Adam.

— Alors demain matin. Et tant pis si on doit y aller à pied. C'est la dernière nuit que je passe dans cet endroit.

— Tu as raison, Jodie. Il vaudrait mieux partir dès demain matin. Mais n'oublions pas que nous ignorons ce qui s'est réellement passé. Si on commence à gamberger, on va tous devenir cinglés. Matt a pu avoir un malaise, une attaque ou quelque chose. On n'en sait rien, après tout.

Jodie s'écarta de Sarah et se frotta les bras en frissonnant.

— En tout cas, il y a quelque chose de vraiment sinistre, dans cette baraque. Depuis qu'on a mis les pieds ici, tout s'est mis à aller de travers.

— Ça a commencé à mal tourner *avant*, rectifia Adam. Tu te souviens, d'abord on s'est perdus. Puis Sarah a cru voir ce foutu bus rose et on est partis dans le fossé. Et tout ça, c'était avant qu'on arrive ici.

Sarah croisa les bras et s'absorba dans la contemplation du feu. Elle se demanda ce que dirait Adam si elle lui racontait tout ce qu'elle savait... les portes fermées qui s'ouvrent comme par enchantement, les téléviseurs qui se mettent en route tout seuls et passent des scènes représentant des événements survenus vingt-cinq ans plus tôt. Des images identiques, quelle que soit la chaîne, et qui n'avaient rien à voir avec un sitcom...

Comment avait-elle su toutes ces choses sur l'Arcadie ? Qui étaient Doug, Mike, Ellen, et pourquoi apparaissaient-ils ainsi constamment dans ses rêves et à la télévision ? Et Sharon, qui lui ressemblait tellement qu'elles auraient pu être jumelles ? Autant de questions sans réponses. Pourtant, Sarah avait le sentiment que si elle trouvait ne fût-ce qu'une seule réponse, cela expliquerait également la mort de Matt.

Du moins l'espérait-elle.

Il était presque minuit lorsque Adam se leva pour jeter une autre bûche dans le feu.

— On devrait peut-être décider de l'endroit où on va dormir, dit-il.

Jodie eut un petit rire acerbe :

— Dormir ? Tu plaisantes ? Il n'est pas question que je ferme l'œil cette nuit.

— Mais qu'est-ce qu'on fait ? On a le choix entre rester ici ou retourner dans nos chambres.

— A mon avis, où que l'on aille, on ne devrait pas se séparer, tous les trois, déclara Sarah.

Adam hocha la tête.

— Si on reste près du feu, on peut prendre des tours de garde et rajouter des bûches, dit-il. Comme ça, il y en aura toujours un pour veiller sur les deux autres pendant qu'ils se reposent.

— Mais si on va dans la chambre, on peut s'enfermer et mettre la chaîne de sûreté, remarqua Jodie.

— Je suis pour rester devant le feu, dit Sarah.

(Les serrures, merci, elle avait déjà donné.)

— D'accord, dit Jodie. A condition qu'il y en ait toujours un qui monte la garde.

— O.K., fit Adam. Bon, Jodie, c'est toi qui sembles avoir le moins envie de dormir. Tu assures le premier quart de veille ? Euh, disons, jusqu'à deux heures, ça va ?

Jodie acquiesça et Adam jeta un coup d'œil vers Sarah.

— Tu veux être la deuxième ?

— Non, j'aimerais mieux que ce soit toi.

— Très bien. Je te réveillerai vers quatre heures.

Le bûcher crépitait, et Sarah regardait les étincelles et la fumée s'élever dans le ciel étoilé. Elle se trouvait parmi un groupe d'une dizaine de personnes qui contemplaient les flammes, toutes assises en rond autour du feu de camp. Ce soir, la guitare était muette. Les seuls bruits que l'on entendait étaient les sifflements et les craquements du bois, et le cri occasionnel d'un oiseau de nuit ou d'un animal, dans la forêt.

Un seul visage se distinguait des autres : la fille qui

s'appelait Ellen. Assise en face d'elle, elle portait un jean et une chemise paysanne. Ses longs cheveux blonds étaient retenus par un bandeau à motifs indiens.

Sans un mot, Ellen se leva et partit dans les bois.

Quelques instants plus tard, Sarah lui emboîta le pas.

C'était la pleine lune, et la forêt était baignée d'ombres inquiétantes. Sarah distinguait Ellen, devant elle, sur le sentier. Elle la suivait calmement, sans faire d'effort pour la rattraper.

Le sentier débouchait sur un à-pic, au pied duquel il y avait un débarcadère en bois. Pour y accéder, des marches en rondins avaient été aménagées à flanc de falaise. Au-delà du ponton, Sarah vit un grand lac sombre, à la surface duquel miroitait la traînée laiteuse de la lune. Les lumières des quelques maisons, sur la rive opposée, étaient allumées, au loin, et une vaste voûte étoilée scintillait dans les cieux.

Ellen commença à descendre l'escalier.

Sarah attendit un moment, puis la suivit.

Arrivée au pied des marches, Ellen s'engagea sur le quai, qu'elle longea jusqu'au bout. Puis elle resta là, bras croisés, à contempler l'étendue d'eau.

Lentement, sans faire de bruit, Sarah arriva derrière elle. Sous ses pieds, les planches du débarcadère étaient rugueuses. Au clair de lune, elle regarda la bague qu'elle portait à l'annulaire. La pierre était noire comme de l'encre.

Lorsqu'elle fut à quelques mètres d'Ellen, celle-ci se retourna en sursautant.

— Oh, Sharon, tu m'as fait peur.

— Désolée.

— Qu'est-ce que... Qu'est-ce que tu fais là ? demanda Ellen avec nervosité.

— Je voulais juste regarder le lac.

Ellen hocha la tête.

— C'est bizarre, hein ? Pour Mike. Je ne peux pas croire qu'il soit parti sans nous prévenir.

— Oui, ça ne lui ressemble pas, dit Sarah.
— Qu'est-ce qui s'est passé, à ton avis ?
— Je n'en ai pas la moindre idée.

Ellen soupira et se retourna vers le lac.

Derrière elle, Sarah resserra la main autour du manche lisse et vert de son couteau...

26

Sarah ouvrit brusquement les paupières. Elle était allongée sur le canapé, face à la cheminée. Les bûches s'étaient consumées et de petites flammes rougeoyantes dansaient autour de leurs vestiges calcinés, comme si elles cherchaient du bois neuf dont se nourrir.

A côté du canapé, Jodie était allongée par terre, la tête sur un oreiller, les yeux fermés. Sarah se redressa et bâilla, puis promena son regard autour d'elle. Soudain, elle frissonna.

Adam n'était pas là.

Où pouvait-il être ? Lui était-il arrivé quelque chose ?

Les yeux écarquillés, elle se retourna. Le reste du hall semblait sombre et tranquille, mais le feu ne suffisait plus à l'éclairer. S'il s'éteignait, elles seraient plongées dans une obscurité totale.

Sarah se leva vivement et remit deux bûches dans l'âtre. Puis elle se tourna dos à la cheminée.

Pourquoi Adam les avait-il laissées ? Où était-il parti ?

Il régnait dans l'auberge un calme et un silence absolus. Les nouvelles bûches ne crépitaient pas encore.

C'est alors qu'elle crut entendre quelque chose. Elle retint sa respiration, essayant de faire taire les battements désordonnés de son cœur.

Des voix, au loin.

Elles semblaient venir de l'aile est.

Sarah jeta un coup d'œil vers Jodie. Devait-elle la réveiller ? Non, pourquoi l'inquiéter ? C'était peut-être Adam et Sebastian qui parlaient. Elle tendit l'oreille.

Elle décida d'aller à leur recherche. Lorsqu'elle quitta le hall et s'engagea dans le couloir, elle aperçut une faible lueur bleutée, à l'autre bout. Comme elle s'approchait, les voix se précisèrent.

Ce n'étaient pas Adam et Sebastian.

C'était la télévision.

Elle entra dans le salon. Le large écran était allumé. Alors que l'auberge tout entière était plongée dans le noir ! Il n'y avait plus de courant ! Comment était-ce poss... Elle cessa de s'interroger. Ce genre de choses arrivait à La Nouvelle Arcadie, voilà tout.

Elle contempla l'écran. On y voyait l'extérieur de l'hôtel. Ou du moins, de ce qui avait dû être l'ancienne Arcadie. Les volets des fenêtres pendaient, arrachés pour la plupart, et la peinture blanche des murs extérieurs s'écaillait.

Il y avait un attroupement autour de plusieurs vieilles ambulances et véhicules de police. Les gens avaient tous les cheveux longs, ils portaient des pantalons à pattes d'éléphant et des T-shirts de couleurs vives.

La porte de l'Arcadie s'ouvrit et deux ambulanciers en blouse blanche en sortirent, poussant une civière. Sur la civière, un long sac gris avec une fermeture à glissière.

Un sac pour les cadavres.

La foule s'écarta en silence, et les infirmiers firent glisser le brancard dans l'ambulance. Une deuxième équipe sortit de l'hôtel, poussant une autre civière, bientôt suivie d'une troisième. Chaque corps fut embarqué dans une ambulance différente. Puis les infirmiers prirent place au volant et le cortège se mit en route.

Un homme en costume gris émergea de l'hôtel et se tourna vers l'assemblée. Il leur dit de faire leurs bagages et de s'en aller. L'hôtel allait être mis sous scellés.

Les gens du groupe hochèrent la tête et commencèrent à partir sans protester. Ils avaient même l'air pressés de quitter les lieux.

Debout devant la télévision, Sarah regarda le groupe se disperser. Quels étaient les corps, dans les sacs à glissière ? Avaient-ils un rapport avec ses rêves ?

A cet instant, la porte de l'auberge s'ouvrit de nouveau et un policier moustachu apparut. Un instant plus tard, deux autres policiers sortirent. Derrière eux, un homme en complet marron faisait avancer une jeune femme. Elle avait des menottes aux poignets, dans le dos. Sa tête était baissée et on ne voyait pas son visage.

Sarah tressaillit, saisie d'un frisson glacial. Les cheveux de la jeune femme étaient roux et frisés.

Lorsqu'elle sortit au soleil, l'homme qui la conduisait s'arrêta pour attendre le fourgon. Quand le véhicule arriva, il ouvrit la portière du côté passager et fit monter la fille dans la voiture. Juste avant d'y pénétrer, elle releva la tête.

Sarah poussa un cri étouffé et recula d'un pas. Non. Non ! Ce n'était pas possible !

— Elle te ressemble comme deux gouttes d'eau, entendit-elle.

La voix ne venait pas du téléviseur.

Sarah fit volte-face. Derrière elle, Adam se tenait sur le seuil du salon. Son regard, de l'écran, revint sur Sarah.

— Qu'est-ce qui se passe, Sarah ?

— Je n'en sais rien.

A la lueur diffuse et bleutée de la télévision, elle vit Adam chercher un interrupteur sur le mur et l'enclencher. En vain.

— Comment se fait-il que la télévision marche alors qu'il n'y a plus de courant ?

— Je ne sais pas.

— Je pense que si.

— Je ne sais pas, Adam, je te le jure.

Il se rapprocha et regarda attentivement Sarah. Cherchait-il le couteau ? Sur l'écran, l'homme en complet marron aidait la fille aux cheveux roux à s'installer à l'arrière du fourgon. Puis l'un des officiers de police claqua la portière.

— Cette fille, on dirait toi.

— Je sais.

— Qui est-ce ?

— Je n'en ai aucune idée.

Adam fronça les sourcils et s'approcha du téléviseur. Sur l'écran, on voyait la voiture de police qui emmenait la fille loin de l'auberge, laissant la foule derrière.

— On dirait des hippies, dit-il. C'est quoi, comme feuilleton ?

— Ce n'est pas un feuilleton.

Adam fronça les sourcils et changea de chaîne. L'image resta la même. Il tourna de nouveau les yeux vers Sarah.

— Mais qu'est-ce qui se passe, nom d'un chien ?

Sarah secoua la tête, encore ébranlée d'avoir vu son sosie à la télévision. Elle comprenait maintenant l'enchaînement de ses visions. D'abord elle avait eu le couteau dans la main, puis on sortait les corps, puis le rêve de la chaise sur laquelle elle était attachée.

Une chaise électrique...

La fille qu'ils venaient de voir avait été exécutée le jour où Sarah était née...

Adam appuya sur l'interrupteur, mais l'écran ne s'éteignit pas. Il se pencha et débrancha les fils.

L'écran resta allumé.

— C'est du délire ! s'exclama-t-il. Sérieusement, Sarah, qu'est-ce qui se passe ?

— Si seulement je pouvais te le dire...

— Bon, qu'est-ce que tu faisais ici ?

— Je me suis réveillée tout à l'heure, expliqua

Sarah. Tu n'étais pas là, et j'ai entendu des voix, alors je suis venue ici en pensant que c'était toi.

— J'étais dans le bureau, à la réception, je voulais voir si je ne pouvais pas remettre le téléphone en marche.

C'est alors qu'ils entendirent un cri perçant.

— Jodie ! s'écria Sarah.

— Ça vient du hall ! ajouta Adam.

Il s'apprêta à courir, mais se ravisa.

— Tu ne vas pas voir ce qui se passe ? s'étonna Sarah.

— Si, mais tu viens avec moi.

Sarah comprit immédiatement. Il ne lui faisait pas confiance. Il n'allait pas la quitter des yeux.

Ensemble, ils retournèrent précipitamment vers le hall. Jodie était debout devant la cheminée, un oreiller serré contre la poitrine. Elle tremblait de tous ses membres.

— Tu vas bien ? demanda Adam en passant un bras autour de ses épaules.

Jodie hocha la tête, mais elle était encore terrorisée.

— Où est-ce que vous étiez ? Je me suis réveillée, et j'étais toute seule.

Adam et Sarah échangèrent un bref coup d'œil. Pendant un instant, ni l'un ni l'autre ne surent que dire.

— Je... J'étais allé dans le bureau voir si la ligne était rétablie, expliqua Adam. Sarah s'est réveillée et, ne me voyant pas, elle est partie à ma recherche. On s'est télescopés une seconde avant de t'entendre crier.

Jodie lui coula un regard oblique.

— Tu es sûr que c'est tout ?

— Oui, affirma-t-il.

Jodie se tourna vers Sarah. Pensait-elle à la conversation qu'elles avaient eue un peu plus tôt à propos de la jalousie ?

— C'est vrai, Jodie, lui dit-elle. Je t'assure que c'est tout.

Jodie s'assit au bord du canapé, encore tremblante.

— J'aimerais bien que vous restiez là tous les deux jusqu'à la fin de la nuit, dit-elle.

— Ne t'inquiète pas, promit Adam. Je ne bougerai plus.

Il devait être quatre heures du matin. Ils étaient assis devant la cheminée et contemplaient les flammes. Appuyée contre l'accoudoir du canapé, Sarah évitait de croiser le regard d'Adam. Elle était soulagée que Jodie reste éveillée. Au moins ainsi, Adam ne pouvait pas lui poser de questions.

Car Sarah n'avait aucune réponse à donner.

27

Sarah vit Doug seul sur la falaise, qui contemplait le lac. Il portait un jean rapiécé et une chemise de travail bleue. En contrebas, les marches menaient au ponton et au hangar à bateau, au pied de l'à-pic. Il faisait un temps radieux. La brise soulevait ses épais cheveux blonds. Sarah regarda la bague, à son doigt. Elle était rouge. Lorsqu'elle avança vers lui, elle fut envahie d'un désir dont l'intensité la confondit. Le désir de passer ses doigts dans ses cheveux... de l'embrasser, le serrer contre elle...

— Doug?

Il se retourna. Ses yeux étaient rouges, comme s'il avait pleuré.

— Oh, salut.

— Ça va pas, hein?

Il hocha la tête.

— Je ne peux pas croire qu'Ellen soit partie comme ça, sans rien me dire.

— C'est vraiment bizarre, oui. D'abord Mike, maintenant Ellen...

Doug fit une grimace de dégoût.

— Tu crois qu'ils avaient prévu leur coup ?

— J'ai toujours eu l'impression qu'entre eux il y avait des atomes crochus.

— Oh, je ne sais plus quoi penser, soupira Doug. J'ai la tête en chou-fleur.

Il se détourna et se remit à contempler le lac. Sarah s'approcha et posa une main sur son épaule.

— Mais je suis là, moi, dit-elle.

— Oui, je sais, fit-il sans se retourner.

— Doug ? appela-t-elle doucement.

— Quoi ?

Il avait l'air surpris.

— Je ne te l'ai jamais dit, mais je t'ai toujours préféré à Mike. J'ai toujours souhaité qu'on soit ensemble. Maintenant que Mike et Ellen sont partis, c'est possible, non ?

Il la dévisageait avec des yeux ronds. Puis ses traits se durcirent et il secoua la tête.

— Non, je suis désolé. Je t'aime beaucoup, tu sais, mais...

— Mais tu n'as pas encore...

— Non ! répéta-t-il.

Il n'allait même pas lui donner une chance. Tout l'amour qu'abritait le cœur de Sarah se mua soudain en rage. Elle porta la main à sa taille et sentit le manche du couteau sous ses doigts. A son annulaire, la bague était devenue noire. Il ne voulait pas d'elle ? Eh bien, tant pis pour lui. Personne d'autre ne l'aurait...

Quand Sarah se réveilla, le hall était éclairé par la lueur grisâtre de l'aube. Il faisait jour, enfin ! Et elle s'était tout de même endormie.

Elle se tourna vers Jodie, qui s'était assoupie, elle aussi, la tête contre la cuisse d'Adam.

Si seulement elle pouvait la tuer...

Non ! Oh, non ! Sarah, ça va pas la tête ? Tu es en train de devenir folle...

Elle leva les yeux vers Adam.

— Salut, dit-il.
— J'ai dû m'endormir, fit-elle en bâillant.
— Apparemment.
— Et toi ?
— J'attendais que tu te réveilles.
— Si c'est pour me poser des questions, je suis désolée mais je n'ai aucune réponse, dit-elle. Réellement, sincèrement, je n'y comprends rien.
— Alors pourquoi ne pas me raconter ce que tu sais ? Tu as bien une idée, quand même ?
— Je n'ai pas envie d'en parler, Adam.
— Pourquoi ?
— Parce que... commença-t-elle, puis elle se tut.
— Qu'allais-tu dire ?
— C'est absurde. Depuis qu'on est arrivés ici, je reconnais des choses que je n'ai jamais vues de ma vie. J'ai fait des rêves invraisemblables, et après j'ai revu les mêmes scènes à la télévision. J'ai vu des événements qui se sont produits avant ma naissance... Des choses que je ne pouvais absolument pas connaître.
— Pourquoi tu ne nous en as pas parlé ?
— Je me disais que vous me prendriez pour une folle. Tu comprends, après l'histoire du bus rose...
Adam hocha lentement la tête.
— Ouais, t'as raison. On t'aurait prise pour une folle.
— Et maintenant ?
— Plus personne ne sait quoi penser.
Sarah regarda par les fenêtres. Il pleuvait toujours et le brouillard ne s'était pas dissipé, mais au moins il faisait jour.
— Tu veux toujours partir, j'espère ? demanda-t-elle.
— Oui. J'attendais qu'on y voie un peu plus clair, et j'allais vous réveiller.
Soudain, une idée traversa l'esprit de Sarah.
— Au lieu de repartir par la route, on pourrait trouver un bateau et traverser le lac ?

— Pourquoi ?

— Parce qu'il y a des maisons sur la rive d'en face, expliqua-t-elle.

— Comment le sais-tu ?

— Je les ai vues.

Adam fronça les sourcils.

— Quand ? Je croyais que tu n'étais jamais venue ici.

— Je les ai vues dans mes rêves. Mais comme toutes les autres choses que j'ai rêvées, je sais qu'elles existent.

— Mais tout ce que tu as rêvé s'est passé pendant les années 60, objecta Adam.

— Je sais, mais je pense que ça vaut la peine de tenter le coup. A mon avis, on ne s'en sortira jamais, si on passe par la route.

Adam la regarda, puis il pressa ses doigts contre ses paupières et hocha la tête.

— Bon, d'accord. C'est complètement dingue, mais d'accord.

Ils réveillèrent Jodie et allèrent chercher leurs affaires dans leur chambre. Puis ils sortirent, sous la pluie et le brouillard. Sarah trouva le sentier du lac comme si elle l'avait emprunté cent fois. C'était une sensation totalement irréelle.

Enfin, ils parvinrent au sommet de la falaise.

Du haut des marches, Adam s'arrêta et se pencha par-dessus le garde-fou pour voir le ponton et la plage de rochers, en contrebas.

— Ça fait bien quinze à vingt mètres d'à-pic, dit-il.

— Tais-toi, dit Jodie en s'agrippant à la rampe mouillée. Tu sais que j'ai le vertige.

— Oh, ne t'inquiète...

Soudain, Sarah entendit un craquement. Le garde-fou auquel se tenait Adam était en train de céder.

— Adam ! hurla Jodie.

Dans une tentative désespérée pour recouvrer son

équilibre, Adam tendit une main. Sarah la saisit et le tira sur le rebord.

— Hou, j'ai eu chaud... merci, dit-il en haletant.

Il était blanc comme un linge.

— Ce bois est à moitié pourri, dit-il. Il va falloir être prudent en descendant.

— Passe devant, dit Jodie.

Ils descendirent prudemment les marches. Une nappe de brouillard recouvrait le lac, masquant la rive opposée. Adam jeta un regard inquiet vers Sarah, mais il lui était difficile de répondre, avec Jodie à côté. Il faudrait bien qu'Adam lui fasse confiance. Elle *savait* qu'il y avait des maisons de l'autre côté du lac.

En bas des marches, ils arrivèrent sur le ponton. Deux catamarans étaient à quai, ainsi qu'une demi-douzaine de Jet Skis. La surface du lac était lisse.

— Quelqu'un sait naviguer? demanda Sarah.

Adam et Jodie secouèrent la tête.

— De toute façon, fit Adam, il n'y a probablement pas assez de vent. Vous avez déjà fait du Jet Ski, les filles?

— Moi, oui, répondit Jodie.

— Pas moi, dit Sarah.

— Ce n'est pas très difficile, lui dit Adam. Tu tournes la poignée et ça démarre. Tu relâches et le Jet Ski s'arrête.

— Et si on tombe? s'inquiéta Sarah.

— Il y a un cordon de sécurité que tu attaches à ton poignet, lui expliqua Adam. Ça coupe immédiatement le moteur.

— Bon, soupira Sarah en contemplant la rangée de Jet Skis alignés au ponton, je suppose que je n'ai pas vraiment le choix.

— Vois les choses du bon côté, dit Adam. Au moins, avec ça, on sera vite sur l'autre rive du lac.

— Et nos sacs à dos? interrogea Jodie.

— Il va falloir les laisser ici. On pourra toujours revenir les chercher plus tard, quand on aura trouvé de l'aide.

Il se délesta de son sac, imité par les filles. Sarah le regarda aider Jodie à prendre place sur le premier Jet Ski.

— Wouah ! L'eau est glaciale, s'écria Jodie en trempant les doigts dans le lac.

— Du moment que tu restes sur le Jet et que tu n'essaies pas de faire des figures acrobatiques, il n'y a aucune raison pour que tu sois mouillée, déclara Adam.

Jodie appuya sur le démarreur, et le Jet Ski se mit à tousser et à crachoter. Lorsqu'elle tourna la poignée, l'engin rugit comme une tondeuse à gazon et se mit en route.

— Attends-nous ! cria Adam par-dessus le bruit du moteur. Ce n'est pas la peine de te perdre dans le brouillard.

Dès que Jodie eut manœuvré le Jet Ski à quelques mètres du quai, Adam aida Sarah à enfourcher le suivant. Elle avait l'impression d'être perchée sur un cheval malingre qui oscillait dangereusement sur l'eau.

— Tâche seulement de trouver ton équilibre et ça ira, lui dit Adam en attachant le cordon de sécurité à son poignet.

— Redis-moi encore comment on le fait avancer.

— Tu tournes la poignée vers toi, dit Adam. Toujours lentement, sans à-coups brusques, sinon le Jet Ski va bondir et tu risques de tomber.

Il fit démarrer le Jet. Sarah essaya la poignée et entendit le moteur gronder tandis que l'engin avançait sur l'eau.

— En tournant dans l'autre sens, tu ralentis, lui rappela Adam. Pigé ?

Sarah fit signe que oui.

— Oh, non ! s'écria Jodie.

Ils levèrent les yeux vers elle. Elle flottait à cinq ou six mètres du quai.

— Le mien vient de caler, dit-elle.

— O.K., fit Adam. Attends-moi, j'arrive.

Il enfourcha son Jet Ski et le mit en marche. Quelques instants plus tard, il s'arrêta à côté de Sarah, qui se familiarisait progressivement avec les commandes.

— Ça va, tu as pris le coup de main ?

— Ouais. Enfin, je crois.

— N'oublie surtout pas de toujours accélérer en douceur, et de relâcher les gaz lentement. Bon, je vais faire repartir Jodie.

Adam s'éloigna en direction de Jodie. Pendant ce temps, Sarah tourna la poignée, et entendit le moteur de son Jet Ski réagir. Elle commença à avancer. Soudain, la poignée se tourna à fond, indépendamment de sa volonté. Le moteur rugit bruyamment et le Jet Ski fit un bond en avant.

— Relâche ! cria Adam derrière elle. Lâche la poignée des gaz !

Sarah essaya de tourner la poignée dans l'autre sens mais elle continuait à s'emballer toute seule, comme si quelqu'un d'autre la tournait.

— Je ne peux pas ! hurla-t-elle. Ça ne marche pas !

Le Jet Ski prenait de la vitesse. Sarah regarda pardessus son épaule et vit Jodie et Adam disparaître dans le brouillard, derrière elle.

28

Le Jet Ski de Sarah continuait à s'emballer, pourfendant les eaux immobiles du lac. Elle s'accrochait aux poignées, essayant désespérément de ralentir, mais il semblait qu'une main invisible était aux commandes.

Elle n'avait pas le temps de se demander à qui appartenait cette main invisible. Elle était trop occupée à se cramponner et à essayer d'arrêter cette machine infernale.

Alors elle se souvint du cordon de sécurité.

Elle tira brutalement dessus. Le moteur toussa et s'arrêta, et le Jet Ski ralentit immédiatement.

Quelques instants plus tard, Sarah flottait tranquillement sur l'eau, entourée d'un voile de brume. Au loin, elle entendait les moteurs des autres Jet Skis.

— Sarah !

C'était Adam qui l'appelait.

— Sarah !

La voix de Jodie, cette fois.

Sarah s'apprêtait à leur répondre, lorsqu'elle entendit quelque chose qui lui glaça l'échine. Quelqu'un criait :

— Ici ! Je suis là !

C'était sa voix. Ses mots.

Mais ce n'était pas elle.

Assis sans bouger sur son Jet Ski, Adam guettait la voix de Sarah.

— Où ? cria-t-il.

— Là ! Je suis là !

La voix venait de la droite. Adam tourna dans cette direction, furieux contre lui d'avoir laissé Sarah se perdre. Il aurait dû se douter que, sans aucune expérience, elle ne saurait pas maîtriser le Jet Ski. Sa deuxième erreur avait été de laisser Jodie toute seule derrière pour se lancer à la recherche de Sarah.

Maintenant, ils étaient tous les trois séparés. Il s'arrêta de nouveau.

— Sarah ?

— Ici ! Par là !

La voix venait toujours de sa droite, elle avait l'air paniquée. Adam s'apprêta à repartir, lorsqu'il entendit un autre appel.

— Adam !

C'était Jodie, perdue elle aussi quelque part dans le brouillard ;

— Jodie ! Je suis là ! cria-t-il.

Il entendit un bruit de moteur, mais on aurait dit qu'il s'éloignait de lui, au lieu de se rapprocher.

Jodie allait partir du côté où elle avait entendu la voix d'Adam, lorsqu'elle crut apercevoir une masse de boucles rousses à travers le brouillard. Si elle rattrapait Sarah, à elles deux, elles pourraient essayer de retrouver Adam. Elle tourna la manette.

En se rapprochant, elle vit Sarah penchée en avant sur le Jet Ski immobilisé. Elle s'arrêta à côté d'elle.

— Ça va ?

Sarah hocha la tête. Ses cheveux ébouriffés cachaient son visage.

— Bon, écoute-moi. Tu n'as qu'une chose à retenir : si tu prends trop de vitesse, relâche simplement la poignée et le moteur ralentira. D'accord ?

Jodie plaça ses doigts sur ceux de Sarah pour lui montrer comment faire. Mais la main de Sarah était glacée et osseuse.

— Hé !

Jodie retira vivement sa main, au moment où Sarah se tournait vers elle. Entre ses doigts, elle tenait les deux extrémités du cordon de sécurité. Sans lui laisser le temps de s'étonner, Sarah glissa la corde autour du cou de Jodie.

— Hé, qu'est-ce que tu fais ?

Jodie voulut se dégager, mais Sarah tirait fort sur le cordon.

Crève ! Adam est à moi.

Le cordon commençait à étrangler Jodie ; elle porta les mains à sa gorge et essaya de glisser ses doigts en dessous. Mais Sarah serrait trop fort.

— Arrête !

Jodie, la bouche ouverte, cherchait à aspirer l'air qui n'arriverait jamais jusqu'à ses poumons.

Sarah tira plus fort. Jodie battait l'air de ses mains, elle lui frappa l'épaule et la tempe, mais cela n'avait plus d'importance.

Il y eut un « plouf » tandis que le corps inerte de Jodie basculait dans l'eau.

29

Jodie flottait sur le lac, le cordon de sécurité encore étroitement serré autour du cou. Assise sur son Jet Ski, Sarah contemplait le corps. Deux voix distinctes parlaient dans sa tête. L'une demandait : *Pourquoi as-tu tué Jodie ?* L'autre disait : *Enfin débarrassée. Maintenant, tu vas avoir Adam pour toi toute seule.* Laquelle des deux voix était la sienne ?

— Sarah ?

Elle releva la tête. Adam la rejoignit sur son Jet Ski.

— Qu'est-ce qui ne va pas ? Où est Jodie ?

Sarah lui montra du doigt le corps qui flottait sur l'eau. Adam suivit son regard, et l'horreur lui agrandit les yeux.

— Tu... Tu l'as tuée ! s'exclama-t-il d'une voix tremblante.

— Non, répondit Sarah.

— Si, et Matt aussi !

— Non.

— Si, Sarah, c'est toi. Pourquoi ?

— Ce n'est pas moi !

Elle contempla le corps inerte de Jodie. Etait-il vraiment possible qu'elle l'ait tuée ? Du coin de l'œil, elle vit la bague à son doigt. Elle était jaune. Pourquoi n'était-elle pas noire ? Soudain, Sarah crut comprendre ce qui était en train de se passer. Il lui sembla que le ronronnement du moteur d'Adam s'accélérait. Elle leva les yeux au moment où il s'éloignait.

— Stop ! cria-t-elle en sentant tourner la poignée sous ses doigts.

Son Jet Ski se lança à la poursuite de celui d'Adam. Par-dessus le rugissement de son propre moteur, Sarah n'entendait pas celui d'Adam, mais elle pouvait suivre son sillage. Il fallait absolument qu'elle le rattrape. Il fallait qu'elle lui explique ce qui se passait avant qu'il ne soit trop tard.

Avant que quelqu'un d'autre ne soit tué...

Penchée en avant, Sarah tournait la poignée à fond, les yeux rivés sur les vaguelettes blanches laissées par le Jet Ski d'Adam.

Le brouillard commençait à se dissiper. Devant elle, elle distingua le quai qu'ils venaient de quitter. Adam fonçait dans cette direction.

Peu après, il s'arrêta contre le ponton. Dans sa hâte de sauter à bas du Jet Ski, il tomba et se tordit la cheville. Il se releva et boitilla sur les planches en direction de l'escalier qui remontait la falaise.

Sarah arriva à son tour au quai, sauta précipitamment à terre et se lança à ses trousses.

— Adam ! Je t'en prie, attends !

Adam se retourna et la regarda avec des yeux terrifiés, sans cesser de clopiner aussi vite qu'il le pouvait. Sarah courait derrière lui, tandis qu'il commençait à grimper les marches. Dans aucun stade elle n'avait accompli une telle performance. Elle fut au bas de l'escalier alors qu'il n'avait pas même atteint la deuxième série de marches.

— Attends ! cria-t-elle. Il faut que tu m'écoutes.

Adam continuait à grimper, s'aidant frénétiquement de ses doigts pour soulager sa cheville endolorie. Les marches dessinaient un escalier en zigzag le long de la falaise. A chaque palier, Sarah sentait qu'elle gagnait du terrain.

— Arrête-toi !

— Non ! hurla Adam en soufflant bruyamment. Va-t'en, laisse-moi tranquille !

Ils avaient parcouru les deux tiers de l'ascension. Sarah était sur ses talons, elle l'entendait haleter.

— Ecoute-moi, Adam, je t'en supplie ! Sinon, Dieu sait ce qui va arriver !

— Moi je le sais, ce qui va arriver ! cria-t-il sans s'arrêter. Tu vas me tuer, moi aussi.

— Non, non ! Je te jure que non !

Quand ils atteignirent la dernière série de marches, Adam était épuisé, sa cheville le faisait souffrir le martyre. Il serra les dents et s'accrocha au garde-fou pour se hisser en haut. Sarah le talonnait, elle semblait beaucoup moins fatiguée que lui.

Enfin, lorsqu'il arriva sur le plateau, il essaya de faire quelques pas sur le sentier menant à l'auberge. Une fraction de seconde plus tard, Sarah arrivait à son tour en haut des marches. Dans un sursaut d'énergie, elle se jeta en avant et lui attrapa les deux jambes.

— Aaah ! cria Adam en portant les mains à sa cheville.

Sarah essaya de lui faire perdre l'équilibre, mais il réussit à se dégager. Il clopina sur quelques mètres, mais elle vit qu'il boitait et, un instant plus tard, il s'écroulait sur le sol.

— Laisse-moi ! cria-t-il.

— Il faut absolument que tu m'écoutes, le supplia-t-elle.

— Non !

Adam rampa à reculons.

— Je ne te ferai pas de mal, promit Sarah.

— Pourquoi tu as tué Jodie et Matt ?

— Ce n'est pas moi. Mais je crois avoir compris qui a fait ça.

— Tu mens, souffla Adam, hors d'haleine. Je t'ai vue avec Jodie.

— Mais je ne l'ai pas tuée, je te le jure, il faut que tu me croies !

Adam continuait à progresser lentement vers les bois, traînant sa jambe meurtrie et lui jetant des coups d'œil par-dessus son épaule. Sarah le rejoignit, se baissa et prit sa cheville entre ses mains.

— Aïe ! Aïe ! gémit Adam en se tordant de douleur. Arrête ! Lâche-moi !

— Seulement si tu me promets de ne pas t'enfuir.

— D'accord, d'accord, mais lâche-moi !

Sarah obéit, et Adam s'adossa contre un tronc d'arbre pour la regarder. Elle vit la frayeur dans ses yeux.

— Si tu n'as pas tué Jodie et Matt, qui les a tués, alors ? demanda-t-il, hors d'haleine.

— Ecoute-moi bien, dit Sara. Tu te souviens quand tu as cru me voir courir dans les bois ?

— Je n'ai pas seulement cru te voir, répliqua Adam avec colère. Je sais que je t'ai vue.

— Et comment le sais-tu ?

— Parce que c'était toi. C'était ton corps. C'étaient tes cheveux.

— Est-ce que tu as vu mon visage ?

— Non, mais qu'est-ce que ça peut faire ? Combien de personnes ont des cheveux roux et frisés, hein ? Il n'y a que nous, ici, Sarah. Qui d'autre veux-tu que ce soit ?

— Je crois pourtant qu'il y a ici quelqu'un qui me ressemble. On l'a vue, toi et moi, à la télévision.

— Alors qu'il n'y avait pas d'électricité dans l'auberge.

Sarah hocha la tête.

— Je sais que ça a l'air complètement fou. Mais des tas de choses complètement absurdes se sont passées, ici. Entre autres, cette fille qui me ressemble passe son temps à tuer des gens et à essayer de faire croire à tout le monde que c'est moi. Elle arrive à pénétrer mes pensées, je ne sais comment. Et elle me fait imaginer les choses les plus insensées. Je te jure, elle veut me faire croire que c'est moi qui les ai tués !

Adam lui adressa un regard méfiant.

— Qui est cette fille ?

Soudain, le regard de Sarah fut attiré par quelque chose. Incrédule, le cœur empli de terreur et d'appréhension, elle leva un doigt tremblant et le pointa vers le sentier.

— C'est elle.

30

— On... on dirait que c'est toi.

Le murmure étranglé d'Adam était à peine audible. Il se leva maladroitement et resta debout à côté de Sarah. Celle-ci hocha la tête. La fille qui se tenait au bord du sentier, une main dans le dos, avait le même visage et les mêmes cheveux qu'elle.

— Mais tu as vu ses vêtements ? demanda Sarah.

La fille portait un vieux jean à pattes d'éléphant et une tunique à manches bouffantes. Elle avait un collier de petites perles autour du cou.

— C'est la mode des années 60, souffla-t-il. Comme la fille à la télévision, hier soir.

— Tu t'appelles Sharon, n'est-ce pas ? dit Sarah à la fille.

Elle hocha la tête.

— Comment tu le sais ? s'étonna Adam.

— Je l'ai rêvé. Elle est dans mes rêves.

— Hé, Sharon, dit Adam. Pourquoi tu ne parles pas ?

Sharon les regardait sans répondre.

— Qu'est-ce qu'elle veut ? chuchota Adam.

Sarah regarda Sharon, qui se tenait à peine à dix mètres d'eux.

— C'est toi qui as tué Mike, Doug et Ellen, n'est-ce pas ?

Sharon acquiesça de la tête.

— De quoi tu parles ? chuchota Adam.

— Rappelle-toi, à la télévision, répondit Sarah à voix basse. On l'a vue au moment de son arrestation.

Elle se tourna de nouveau vers Sharon.

— Tu as tué Mike et Ellen parce que tu voulais Doug pour toi. Et quand Doug t'a repoussée, tu l'as tué lui aussi.

Elle fit signe que oui, une fois encore.

— Ça devient complètement dingue, murmura

Adam d'une voix enrouée. Qu'est-ce que c'est que cette histoire de fous ?

— Sharon et Mike sortaient ensemble, expliqua rapidement Sarah sans la quitter des yeux. Mais Sharon était amoureuse de Doug, qui sortait avec Ellen.

— Alors elle a tué Ellen et Mike, comme ça ? demanda Adam, stupéfait.

— J'en suis quasiment certaine.

— Mais quel rapport avec nous ? Tu crois que Sharon a tué Matt et Jodie ?

— Oui.

— Mais pourquoi ?

Sarah se retourna et le regarda droit dans les yeux.

— Je crois que ça nous concerne, toi et moi.

— Toi et moi ? Qu'est-ce que tu racontes ?

Sarah prit une profonde inspiration.

— La veille de notre départ, ce qui s'est passé après notre rencontre au centre commercial...

— Et alors ? Je t'ai dit que ça ne signifiait rien.

— Pour toi, non, dit Sarah. Mais ça m'a fait quelque chose, à moi. Je ne saurais pas t'expliquer comment, mais ça a dû ramener cette fille, Sharon. Depuis cet instant, je n'ai plus été moi-même. Tu me l'as fait remarquer, d'ailleurs.

Mais Adam ne la regardait plus. Il contemplait Sharon, et Sarah comprit pourquoi : elle avait fait un pas vers eux.

— Ça ne me plaît pas du tout, chuchota-t-il. Elle me donne la chair de poule, cette fille. On devrait décamper d'ici vite fait.

— Ça ne servira à rien, dit Sarah.

— Qu'est-ce que tu en sais ?

— On ne pourra jamais lui échapper.

Puis elle s'adressa à Sharon.

— Qu'est-ce que tu veux ?

Sharon fit un nouveau pas en avant et pointa son doigt vers Adam.

— Moi ? fit-il dans un souffle.

— Pourquoi ? voulut savoir Sarah. Parce qu'il m'a rejetée comme Doug t'a rejetée ?

Sharon hocha la tête et se rapprocha encore. Elle n'était plus qu'à quelques mètres d'eux.

— Sarah... gémit Adam, terrifié.

— Ce n'est pas la même chose, affirma Sarah.

Mais Sharon ne sembla même pas l'entendre. Elle venait vers eux. Lentement, elle ramena la main qu'elle avait dans le dos, et Sarah vit quelque chose briller.

— Le couteau ! s'écria Adam.

Sarah glissa son bras autour de celui d'Adam et l'aida à reculer jusqu'en haut des marches. A leurs pieds, le lac miroitait sous les rayons du soleil. Pour la première fois depuis plusieurs jours, les nuages se dispersaient et laissaient place au soleil.

— Qu'est-ce qu'on fait ? chuchota désespérément Adam.

— Il faut continuer à parler, répondit Sarah, puis elle se tourna vers Sharon. Ça ne servira à rien de le tuer, lui dit-elle d'une voix forte.

Pour la première fois, Sharon prit la parole.

— Si.

— Non, répliqua Sarah. Adam n'est pas Doug. Nous ne sommes plus dans les années 60, trente ans se sont écoulés, tu n'es même pas vivante.

— Il nous a fait du mal, gronda Sharon d'un ton menaçant.

— Nous ? Mais qu'est-ce qu'elle dit ?

— Nous sommes reliées d'une certaine façon, Sharon et moi, expliqua Sarah. Tu te rappelles la date de son exécution ? C'est le jour de ma naissance.

— Vous êtes... Vous êtes une seule et même personne ? bredouilla Adam.

— Je ne sais pas exactement.

— Mais toi tu ne veux pas me tuer.

— Non, Adam. Je reconnais que j'ai été jalouse de toi et de Jodie. Je t'aurais voulu à moi. Mais jamais je ne tuerais à cause de ça. Jamais.

— Si, tu le ferais, dit Sharon en continuant à se rapprocher lentement.

Le cœur de Sarah tambourinait contre sa poitrine, et sa respiration était saccadée.

— Ecoute-moi, cria Adam à Sharon avec colère. Va-t'en d'ici, tu m'entends ? Va-t'en !

Un sourire mauvais se dessina sur les lèvres de Sharon. Le couteau étincelait au soleil. Elle fit encore un pas en avant, et Sarah et Adam se trouvèrent acculés au garde-fou, en haut des escaliers. Avec la cheville tordue d'Adam, il était inutile de songer à descendre. Elle lâcha son bras et avança devant lui, se plaçant entre lui et Sharon.

— Ne le tue pas, dit-elle.

— Tu veux que je le tue, répondit Sharon.

— Non. Je veux qu'il vive. Même s'il ne veut pas de moi.

Sharon s'approcha. Apparemment, rien ne saurait l'arrêter.

— Mon Dieu ! gémit Adam derrière Sarah, pourquoi a-t-il fallu que je t'embrasse ?

Sarah se retourna, surprise.

— Mais parce que tu en avais envie. Tu étais curieux. Je ne te plaisais donc pas du tout ?

— Si, sans doute, fit Adam en haussant les épaules. Je ne sais pas. C'est arrivé comme ça. Je veux dire, si j'avais su jusqu'où ça allait nous entraîner...

Sharon sourit et fit un nouveau pas vers eux, brandissant le couteau au-dessus de sa tête.

— Tu vois ? Il ne t'a jamais aimée. Il t'a simplement exploitée.

Sarah et Adam s'adossèrent au garde-fou.

— Non, dit Sarah. C'était aussi ma faute.

Sharon était à deux mètres, le couteau brandi en l'air, la lame accrochant les rayons du soleil.

— Ecarte-toi.

— Non.

Sharon s'approcha si près qu'elle pouvait à tout

moment porter un coup fatal. Adam et Sarah se collèrent à la rambarde.

— Pousse-toi !

— Non, dit Sarah.

Elle chercha derrière elle les bras d'Adam et les enveloppa autour d'elle. Elle sentait son corps se presser contre le sien. Exactement ce dont elle avait rêvé si longtemps...

— Pousse-toi ! répéta Sharon en brandissant le couteau devant le visage de Sarah.

Sarah se sentit trembler devant la lame brillante et acérée, mais elle ne bougea pas.

— Pousse-toi !

Sarah sentit Adam la serrer davantage encore. En d'autres circonstances, elle aurait été au paradis... Sharon agita son arme, mais sans l'abattre.

— Tu ne peux pas faire ça, dit Sarah. Tu ne peux pas me tuer, parce que tu te tuerais toi-même. Et je ne m'écarterai jamais pour te laisser poignarder Adam.

Les mouvements de Sharon semblèrent ralentir, avant de cesser. Sarah tenait toujours les bras d'Adam, qu'elle serrait fort autour d'elle.

— Je suis désolée, chuchota-t-elle. Vraiment désolée. Je t'aime, mais je n'ai jamais voulu te faire de mal.

— Je sais, répondit-il à voix basse.

Et Sarah le sentit accentuer sa pression. A cet instant, le couteau tomba par terre avec un bruit mat, et Sharon fit un pas vers Sarah. Sa silhouette se brouillait, elle devenait transparente.

— Que se passe-t-il ? murmura Adam.

— Elle est en train de disparaître...

Sharon fit encore un pas. Elle était nez à nez avec Sarah, maintenant, mais ce n'était plus qu'une image vague, à peine plus qu'une ombre.

— Tu ne ferais pas de mal à quelqu'un que tu aimes vraiment, dit doucement Sarah.

La silhouette de Sharon avança encore et sembla pénétrer Sarah.

Sarah frissonna des pieds à la tête. Et Sharon décrivit un dernier pas... avant de se fondre en elle.
A cet instant, le garde-fou contre lequel étaient appuyés Sarah et Adam céda sous leur poids.

31

Par miracle, Sarah parvint à s'agripper du bout des doigts au bord de la falaise. En contrebas, elle entendit le hurlement d'épouvante, suivi d'un bruit sourd, abominable. Elle baissa les yeux et vit le corps d'Adam qui gisait sur les rochers.

Oh non... Les larmes lui montèrent aux yeux. Comment cela avait-il pu arriver ? Elle était affaiblie par la colère, la douleur et la frustration. Après tous ces efforts, toute cette énergie dépensée, elle ne se sentait pas la force de se hisser en haut de la falaise.

Laisse-toi tomber, chuchota une voix au fond d'elle. Laisse-toi aller.

C'était la voix de Sharon. La sienne.

Elle ferait peut-être mieux de se laisser tomber, en effet.

Peut-être que cela n'avait plus d'importance. Elle avait perdu tout le monde. Ses parents ne s'intéressaient même pas à elle, de toute façon. Vers quoi reviendrait-elle, si elle se sortait de ce cauchemar ? Comment pourrait-elle continuer à vivre en sachant que ce qui s'était passé était en partie sa faute ?

Oui, il valait mieux se laisser tomber.

Elle s'apprêtait à lâcher prise lorsqu'elle sentit des mains se glisser autour de ses poignets. Elle poussa un petit cri et leva les yeux. Le visage de Sebastian se dressait au-dessus d'elle.

— Laissez-moi ! le supplia-t-elle. Laissez-moi tomber !

— Non.

Impuissante, Sarah se laissa ramener lentement sur le rebord de la falaise. Puis il la prit par la taille et la conduisit vers le sentier menant à l'auberge. Elle se laissait guider, en état de choc, trop bouleversée et trop pétrifiée pour pleurer. Elle était totalement engourdie. Toutes ces morts... Elle ne ressentait plus rien.

— Je suis désolé pour vos amis, lui dit Sebastian.

Elle regarda ses yeux gris, stupéfaite.

— Vous êtes au courant ?

Sebastian hocha la tête.

— Où étiez-vous ?

— Ici, dit-il.

— Depuis le début ?

— Oui.

— Pourquoi n'avez-vous rien fait ? s'écria-t-elle. Pourquoi ne pas nous avoir aidés ?

— Ce n'est pas comme cela que ça se passe, ici, répondit-il avec calme.

— Ici ? répéta Sarah en regardant autour d'elle. Que se passe-t-il, ici ?

— Des choses.

— Et Sharon ? demanda-t-elle. Depuis combien de temps est-elle ici ?

— Depuis bien, bien longtemps.

— Et moi ? s'écria-t-elle.

— Maintenant, vous êtes ici, vous aussi, répondit Sebastian.

Puis il la prit par la main et la ramena chez elle... à La Nouvelle Arcadie

NE MANQUEZ PAS
L'AUBERGE DE L'HORREUR - 2
CHAMBRE N° 13
À PARAÎTRE EN MAI 1996

Tard le vendredi soir, toute la famille Naughton roule sur une route étroite au milieu de la forêt — malgré les phares puissants, la nuit et l'épais brouillard qui est tombé brusquement sur la région les empêchent de voir à plus de vingt mètres — quand soudain apparaît devant eux, comme s'il venait de surgir de terre, un grand bâtiment blanc de style colonial: l'auberge de La Nouvelle Arcadie. Mr Naughton a réservé une suite à deux chambres: Erin devra en partager une avec son frère Bobby.

Le lendemain matin, au petit déjeuner, Erin tire une tête de trois kilomètres et, cachée derrière ses lunettes de soleil, dévisage un à un les autres clients de l'hôtel. A cette heure-là, il n'y a pas encore beaucoup de monde dans la salle à manger, et ceux qui sont déjà là ont l'air de vieux schnocks à moitié gagas. Alors non seulement son père lui fait louper la soirée de l'école, mais en plus il la force à passer le week-end dans une maison de retraite! Bon, elle exagère peut-être un peu, mais tout de même.

Son frère et ses parents reviennent du buffet les bras chargés. Pancakes, saucisses et œufs pour Mrs Naughton et Bobby, tandis que Mr Naughton doit se contenter d'un bol de céréales et d'un verre de jus d'orange.

— Tu ne prends pas de petit déjeuner, Erin ? lui demande sa mère pendant qu'ils s'assoient tous les trois autour de la table ronde recouverte d'une nappe d'un blanc impeccable.

Erin secoue la tête et regarde ailleurs, pleine de mépris. Comment peuvent-ils avoir faim dans un endroit pareil, perdu dans la brousse ?

— Il faut que tu manges quelque chose, insiste Mrs Naughton.

— Bof, alors je vais prendre du pain et de l'eau, dit-elle, agacée.

— Hé, on n'est pas en prison, dit Bobby.

— Je vois pas trop la différence, lance Erin en fusillant son père du regard.

— Ecoute, Erin, dit-il d'une voix sévère. Nous savons tous que tu es malheureuse de ne pas avoir pu aller à cette soirée. Nous en avons déjà parlé cent fois. Mais maintenant nous sommes ici, alors je crois qu'il est grand temps que tu oublies un peu tout ça et que tu arrêtes de te conduire comme une gamine capricieuse. Ça ne sert plus à rien, de toute manière.

— Erin, ma chérie, tu ne veux pas enlever ces lunettes pendant qu'on mange ?

Erin enlève lentement ses lunettes de soleil et les pose devant elle sur la table. Mais ça ne change pas grand-chose, elle a le regard encore plus noir.

— Sois pas bête, dit à son tour le petit Bobby. Fais pas cette tête. Il a raison, papa : c'était hier, ta fête à l'école. Tu peux te concentrer autant que tu veux, tu retourneras jamais à hier soir. Alors autant t'amuser un peu ici, non ?

— M'amuser ?

— Ton frère a raison, ma chérie.

Erin hausse les épaules et grignote un morceau de pain qu'elle vient de prendre dans la corbeille. Une fille d'à peu près son âge — tiens, ça existe, ici ? — pousse un petit chariot jusqu'à leur table. Elle a des cheveux roux et bouclés, et porte un badge sur lequel est inscrit son prénom : Sarah. Tandis qu'elle débarrasse les assiettes vides et remplit leurs verres d'eau, elle lance de fréquents coups d'œil vers Erin. Celle-ci sent un frisson étrange lui parcourir la colonne vertébrale, et détourne la tête.

— Comment vous voulez que je m'amuse ? demande-t-elle dès que la jeune serveuse est repartie. Regardez autour de vous. On se croirait au musée de l'Homme. Il doit y avoir un congrès de centenaires, dans cet hôtel. Ou alors non, je sais : l'hospice du coin est plein à craquer, et ça leur sert d'annexe, ici.

A peine a-t-elle terminé sa phrase qu'un garçon et une fille de son âge pénètrent dans la salle à manger. Ça, dès qu'on dit quelque chose, le hasard se charge de nous faire mentir. En plus, ils ne déshonorent pas la jeunesse : ils sont tous les deux grands, minces, et plutôt pas mal. La fille a de longs cheveux noirs noués en queue-de-cheval. Le garçon est blond, bouclé. Tous les deux ne portent rien d'autre qu'un maillot de bain et un t-shirt blanc. Ils font plaisir à voir, la salle paraît soudain plus claire.

— Eh bien, en voilà, des jeunes, dit Mr Naughton. Pourquoi n'irais-tu pas faire connaissance avec eux ?

— Ben voyons, ricane Erin. Je m'amène et je dis : « Salut, je m'appelle Erin Naughton et je voudrais bien m'incruster. » C'est ça ? T'es dans la quatrième dimension, papa.

— On dirait qu'ils vont aller nager, dit Mrs Naughton. Tu pourrais peut-être aller faire un petit tour à la piscine, non ? Comme ça tu aurais moins l'impression de « t'incruster », comme tu dis.

Erin écarquille les yeux, se compose une mine stupéfaite et murmure d'un ton ironique :

— Quoi, vous voulez dire que je ne suis pas obligée de consacrer tout mon temps aux activités familiales ? C'est pas ça, qui était prévu dans ton programme, papa ? Oh, comme c'est gentil de votre part !

— Ta petite comédie commence à me fatiguer sérieusement, jeune fille, fait Mr Naughton en fronçant les sourcils.

— Calme-toi, Henry, dit Mrs Naughton, rappelle-toi ce qu'a dit le docteur. Tu dois absolument éviter les contrariétés.

— Tu aurais pu t'en éviter au moins une si tu m'avais laissée passer ce week-end chez Kira.

— Ça suffit, j'ai dit !

— Ton père a raison, Erin. Laisse-le un peu tranquille, tu veux ? Tu sais bien qu'il a besoin de calme. Alors sois un peu raisonnable, pour une fois. Bon, écoute : ton père et moi, nous allons au golf, ce matin. Vous pouvez faire ce que vous voulez jusqu'à l'heure du déjeuner, Bobby et toi. On se retrouve ici.

— Moi, je sais ce que je vais faire, dit Bobby. Vous avez vu la salle de jeux vidéo, à côté du hall ? Ils ont le Terminator.

— Essaie de ne pas dépenser tout ton argent dans cette machine, dit son père.

— T'en fais pas, p'pa. J'ai joué un million de fois à ce jeu-là, je suis pas un débutant.

— Et toi, Erin, qu'est-ce que tu vas faire ? demande Mrs Naughton.

Erin hausse les épaules, comme si c'était vraiment le cadet de ses soucis. De toute façon, il n'y a absolument rien à faire, alors elle ne va pas se fatiguer à chercher. Elle a bien envie de leur sortir quelque chose de ce genre, mais elle sait que ça ne fera que les énerver encore plus, et ce n'est peut-être pas le moment.

— Je crois que je vais aller me promener un peu, dit-elle.

Au moment où Erin sort de la salle à manger, enfin seule, elle se rend compte qu'elle a oublié ses lunettes de soleil sur la table. En revenant sur ses pas, elle tombe sur Sarah, la serveuse aux cheveux roux, qui est en train de débarrasser leur table. Elle jette un coup d'œil rapide entre les assiettes, mais ses lunettes ne sont nulle part.

— S'il vous plaît? Excusez-moi, je crois que j'ai laissé une paire de lunettes par ici. Vous ne les avez pas vues?

Sarah lève les yeux vers elle et la fixe pendant un long moment. Puis elle secoue lentement la tête. Bizarre, cette fille.

— Vous en êtes sûre? On était assis à cette table. Et je sais que je les ai oubliées là, elles étaient devant moi il y a trente secondes.

— Non, je ne les ai pas vues, dit Sarah d'une voix neutre.

Erin reste un instant perplexe. Elle se baisse pour jeter un coup d'œil sous la table, mais ses lunettes ne sont pas par terre non plus. Sarah les aurait-elle prises? Elle a un drôle d'air, mais elle ne ressemble pas à une voleuse. Enfin, on ne peut jamais savoir. La seule autre possibilité, c'est que quelqu'un soit sorti juste après eux et les ait ramassées au passage. Erin balaye la salle du regard et décide que non, c'est impossible. Personne n'aurait eu le temps de se lever, de venir les subtiliser sur leur table et d'aller se rasseoir — ces vieux-là doivent se déplacer à peu près aussi vite que des tortues boiteuses.

— Vous êtes absolument sûre de ne pas les avoir vues? insiste-t-elle.

Une nouvelle fois, la rousse se contente de secouer la tête comme une gamine obstinée. Erin ne sait plus quoi penser. Pourquoi ment-elle? Elles ne valent pourtant pas une fortune, ces lunettes. Elle y tient parce qu'elle n'en a pas d'autres, mais elles n'ont pas plus de valeur qu'un morceau de plastique.

— Bon, je vais quand même vous donner le numéro de ma chambre, dit Erin. Si quelqu'un les trouve, il n'a qu'à les laisser pour moi à la réception. D'accord?

Sarah fait oui de la tête et s'éloigne en poussant son chariot. Ce sont vraiment des sauvages, par ici.

— Attendez deux secondes, je ne vous ai pas dit le numéro de ma chambre ! C'est...

— 218.

— Hein ? Comment vous savez ça ?

— Je vous ai vue en sortir, ce matin.

— Ah...

Erin hausse les sourcils et s'éloigne, un peu déconcertée. Il y a décidément quelque chose de louche chez cette fille. Elle ne se souvient pas d'avoir vu qui que ce soit dans le couloir lorsqu'elle est sortie de la chambre. Elle en est même quasiment certaine — elle a fait remarquer à son frère que cet hôtel semblait désert, et que le week-end s'annonçait sinistre...

COMPOSÉ PAR INTERLIGNE LIÈGE (BELGIQUE)
ACHEVÉ D'IMPRIMER EN EUROPE
PAR COX & WYMAN À READING (ANGLETERRE)
LE 9 FÉVRIER 1996

DÉPÔT LÉGAL FÉVRIER 1996. ISBN 2-277-35012-5

POUR LE COMPTE DE EJL
27, RUE CASSETTE, 75006 PARIS
DIFFUSION FRANCE ET ÉTRANGER : FLAMMARION